株式投資の失敗を成功に変える方法

我々はこうして1億円を失った

平岩十知

文芸社

まえがき

我々は、去年（平成11年）6月初旬から株式投資を始めた。まったく未知の世界へ一歩足を踏み入れたのである。以前にバブルといわれた時期の株の暴騰・暴落は対岸の火事のごとくに漠然と知っていたが、それ以外に、株についての知識は皆無といってよいほどだった。また、考える必要もなかったのである。なぜなら、本業（建設土木関係）は、これまで順調に収益を上げ続け、少人数で会社を運営していたので食べていくのに困らないと考えていたからである。

ところが、世の中の動向は、不景気の底を這い続けた。誰もが、この長い不景気も底を脱し、景気は上向いてくるだろうと思っていた。いや、今もそう思っているだろう。

しかしながら、豊かになりすぎた日本は、今行き先が見えてこない。戦後、国の発展及び国民生活の豊かさを求めて、日本人はすべての分野において努力し、勤勉さをもってそれを成し遂げた。終わったのである。

人類史上これほどある程度以上の人々が食うに困らない時代があっただろうか。歴史を紐解いても見当たらない。豊かさの上に立つ歴史は今まで存在していない。人間はもう歴史に学ぶことはできない。もし、学ぼうとしたらそこには破壊しか残らないのである。

全てはこのような妄想または真実（?）によって我々は株の世界に足を踏み入れることを決意したのである。この方向転換自体は今でも間違っていたとは思っていない。ただ、結果において1億円失った事実は現前とある。これはあくまでも株式投資に対する認識の甘さ、株の売買技法の未熟さ、株式取引全般にわたる知識の不足によるものである。そんなことぐらいで1億円も失ったのか、と耳の後ろから聞こえてきそうだが、本書を読んでいただければ理解してもらえると思う。

我々が1億円を失った経緯を、本書でもって辿っていただき、これからの株式投資成功への赤、青、黄の信号にでもなれば幸いである。

平岩十知

株式投資の失敗を成功に変える方法／我々はこうして1億円を失った◉目次

株式投資の失敗を成功に変える方法

我々はこうして1億円を失った

第1章 株式取引を始めるために

平成11年6月

我々は株について全く知識を持ち合わせていなかったので、大手N證券のM氏に来社してもらった。M氏にとっては顧客開発の営業活動の一環としてだろうが、我々としては異なる分野の人間との接触であり、心躍る思いで株式取引の説明を聞いた。口座開設、株取引のルール、株式市場の現状など、見知らぬ世界の一端を示してくれた。我々は新鮮な気持ちとともに驚きをもってM氏の話に魅了されていた。株の説明が一通り終わり、「なるほど」と、我々の中の一人が頷いた。

「要するに気に入った銘柄をある程度の値で買い、買った値より高くなればそれが利益になるんだろう、Mさん」

M氏はあきらめ顔で「ええ」と答えた。

この時、すでに我々は株で利益を得られると確信していた。やり方さえわかれば、売り買いさえできれば、金さえあれば、我々の知識力と判断力と世の中の動向を読む力をもってすれば、簡単に大儲けできるはずだという自信めいたものを抱いていた。

今振り返ってみると、なんと愚かなことかと赤面する思いでいる。一般投資家の95％は株で損しているというのに残りの5％に我々は入ると思っていたのである。

我々は、早速N證券で口座開設の手続きをし、株を買える状態にするために手始めに本業での余裕資金約2000万円をN證券に振り込んだ。2000万円といえば、我々個人にとっては大金ではあったが、会社としては一ヶ月の運転資金に当たるぐらいの金額であった。あくまでも会社の資産であった。会社の将来を見据えての株式投資という大前提に立っての行為なのだから、会社の有り金を運用するのは当然のことだったが、このこと（個人の資産でないということ）がお金に対しての執着心の不足を招き、真剣ささえも欠如させる結果となったのではないかと思える。

金で金を生む株式市場では重要な一因ではないだろうか。

第2章 はじめての現物取引

平成11年7月

最初に株の売買をする我々にとっても、一般投資家にとっても株式取引ルールの一つであるこの「現物取引」が出発点である。

現物取引とは、簡単にいえば自分の持っている現金の範囲内で某（なにがし）かの株を買うだけのことである。基本的には普通の商行為となんら変わりはない。それを、お預かり資産、買い付け代金、約定金額、取引委託手数料などの株式用語のオンパレードにより我々一般投資家を幻惑させているのは事実である。口座という形で感覚的に自分の財布が手元にあって、そこからお金を出して株を買い付けるという意識を希薄にさせているように思われる。生活に関係ない（現状において）余裕資金であれば、なおのことである。我々は、そんなことは十分承知の上で現物取引を始めた。

7月半ばに『会社四季報』でどの銘柄を買うか、業績や資本金、現在の株価などを調べたが一向に決まらず、考え倦んでいた。我々の属している業界（建設業）の株はどうだろうか。今どんどん伸びている情報通信関連の株はどうだろうか。バイオ関連、介護関連の会社はどうだろうか……という具合に漠然としか思い浮かばなかった。そこでここ一番、最初だからという理由で大手N証券のMさんに推奨銘柄をいくつか挙げてもらうことにした。

「Mさん、最初の取引だから損しない銘柄を頼むよ。それとね、訳のわからない株は駄目だよ。うちとしては少なくとも国際優良株しか買わないから。でないと浮き沈みが激しく損したら大きいでしょう。だから二つか三つ良い銘柄をお願いしますよ」

と電話で頼んだ。

Mさんに薦められたのが、松下通信、ソフトバンク、京セラ、ソニー、Fsas（富士通サポートアンドサービス）であった。我々はこの中から松下通信を選んだ。その理由は情報通信関連であることとMさんの第一推奨銘柄であったことである。Mさんは松下通信について「一ヶ月ぐらい持っていれば20％上がると思いますよ、確信はもてませんけれど有望でしょう」と言っていたからである。

松下通信工業　1株8450円　買い　売買単位1000株

845万円（手数料抜き）の投資である。大きな買い物をしたものだ。株は実際に買ってみなければわからないと聞いていたが、その意味が少しは身をもって感じることができた。約１０００万円が瞬時に倍になるんじゃないかという思惑、根こそぎ投資金がなくなってしまうんじゃないかという思惑、上がったら、下がったらどうしようという思い……などの期待と不安と恐怖を織り交ぜられたものを深層心理に叩き込まれたような気がした。

このような思惑や妄想が、株式市場を動かす原動力の一つとなっているにちがいない。でないと、株式上場会社の業績や資産が一日や一週間でよほどのことがないかぎり変わるはずもないのに株価は分刻みで変動しているという事実を説明できない。

市場は、ほんのちょっとの真実と投資家の偏った感覚によって動かされているのではないだろうか。

平成11年8月

第3章 株価の動きに一喜一憂

一・株価が動かすもの

我々は、7月15日、松下通信株をザラ場で1株8450円で買い付けた。この時はまだネット取引をやっていなかったので、N證券のMさんに「とりあえず手ごろな値で買い付けてください」と電話で注文を出したのである。その株価が高いか安いか、我々にはまだ判断材料を持っていなかった。プロが言っているんだから上がるんだろうというくらいの気持ちでいた。

その松下通信株は、次のように動いた。

松下通信工業（6781）

	終値	前日比
7/6	9030円	
7/7	8930円	−100
7/8	8680円	−250
7/9	8180円	−500
7/12	8250円	+70
7/13	8100円	−150
7/14	8290円	+190
7/15	8900円	+610*
7/16	8850円	−50

	終値	前日比
7/19	8630円	−220
7/21	8400円	−230
7/22	7910円	−490
7/23	7700円	−210
7/26	7840円	+140
7/27	7870円	+30
7/28	8000円	+130
7/29	8550円	+550
7/30	8250円	−300

7月の終値ベースの値動きである。

長年にわたって株取引をしている人にとっては別段何ともない値動きに映るだろうが、初心者の我々にとってはイライラの続く半月であった。7月15日に8450円で買い付けて以来自分たちの株だけはどんどん騰がっていくものと確信していたが、そう簡単にはいかなかった。

「なぜ騰がらないの。悪い銘柄選んだんじゃないの。こんな値動きする株じゃ時間の無駄だよ」とN證券のMさんに電話を入れた。Mさんは、現在の株式市場の状況やアメリカの市場などの現状を説明しながら「もう少し保持されてはどうですか」と答えた。それもそのはずで、最初に一ヶ月ぐらいと言っていたのに半月で思い通りいかないことに我慢できなくなっていたのである。

口座を開設してから一ヶ月、我々も漠然と株式市場を眺めていたわけではない。結果的にはぼーっと見ていたほうがよかったかもしれないが、大金を投入し、将来を託す事業の一つとする方針で漕ぎ出した以上、株を仕事とする環境整備に取りかかった。

まず、購読している新聞を日本経済新聞に変えた。最新のパソコンを二台リースし、一台はNHKの文字放送で全銘柄の株価や出来高そして日足、週足、月足などのチャート検索専門に使用し、もう一台はN證券のリアルタイムの時価情報の受信用にした。また、このままでは情報が少なすぎるということで、近くの本屋と契約し、株に関する出版物を週刊、月刊を問わず主要と思えるもの全て取り寄せた。

我々は、株に対する環境整備を進めるなかで、株式取引というのはどういうものなのかおぼろげながら見え始めてきた。銘柄選定の方法、人気株の動向、一つ一つの株の高値安値、チャートの見方、取引手数料、税金の種類など株取引の仕組みが、徐々にではあるが実感できるようになってきたのである。

仕事の合間に株価の動きを時価情報で見るようになり、株価の上がり下がりで一喜一憂するようになっていた。上がれば上がったで明日も上がるだろうと思いを募らせる。下がれば下がったでこんな株ダメだとイライラを募らせ、こんな株売ってしまえとなる。株価同様に我々自身の心理状態も右往左往していたのである。気づいていても、目の前に置かれた状況に人間は影響されないでいられない。どんなに意志強固な人でさえも潜在意識の中に刷り込まれ、動揺の源となっていくのである。

この時点においてMさんのアドバイスに従うことになったのは、ただ単にまだ株式市場についてMさんのほうが正しい認識を持っているだろうという見解があったからである。

Mさんの顔を立てて（どんな顔を立てているのかよくわからなかったが）、「ここはもう少しの間保持してみます」ということになった。Mさんにしてみれば「当たり前だろう、まだ半月も経っていないのに」と思っていたにちがいない。

この頃はまだ株の常識として〝株を買えば長期保有する〟のが主流だったからだ。現在はオンライントレードが普及し取引手数料の値下げで株の保有期間が短期になりつつある。デイトレーダーも増加の傾向を示している。

さて、８月の松下通信工業の値動きは次の通りであった。

	終値	前日比
8／2	8280円	
8／3	8540円	＋260
8／4	8290円	−250
8／5	8660円	＋370
8／6	8750円	＋90
8／9	8900円	＋150
8／10	8900円	0
8／11	8910円	＋10
8／12	8940円	＋30
8／13	9790円	＋850＊
8／16	10400円	＋610

	終値	前日比
8／17	10350円	−50
8／18	10330円	−20
8／19	9880円	−450
8／20	9610円	−270
8／23	9270円	−340
8／24	9510円	＋240
8／25	9320円	−190
8／26	9220円	−100
8／27	9430円	＋210
8／30	9700円	＋270

8月も相変わらず上がり下がりを繰り返し（当たり前だが）、イライラの状況は続いた。

世間では盆休みも近づき、株式市場も取引高は減少しつつあった。相場は秋以降の展開を見据えながら、変化を見せ始めていると我々は感じた。日経平均株価は1万8000円を覗き、年末には2万円台にも届くだろうという観測が一部アナリストの間で囁かれ始めたのである。

しかしながら、我々は本業で落ち込み、そして我々を取り巻く生活環境の中でも良いニュースなど、どこにも見当たらなかった。倒産、廃業、リストラ、不良債権、貸し渋りなどマイナスの材料が充満しているのが実態であった。いくら株が将来を買うものだといってもこの現実の前にどこに展望が開けるのか、大きな疑問を持ち続けていた。さまざまな情報が飛び交うなかで、これから上がる方向にあるとしても、いくつもの階段をそれも株価でいうとのこぎりの刃先のような階段を経なければならないだろうと思っていた。

そこで、松下通信株に対する我々の結論は、のこぎりの刃先の上がりの部分だけを取るべきではないのか。下がりの部分をも取って待ち続けるのは時間の無駄であり、限りある資金から考えても、あまりにも資金効率が悪すぎるのではないのかという考えであった。そして、Nさんが言った一ヶ月の目安の期間が来て、またタイミングよく五日続けて上げていたのでもう下がるんじゃないかと思って、慌ててザラ場で売りに出た。

8／13　**松下通信**　9420円　売り

この日の終値は9790円であったが、時価情報を分刻みで見ていた我々は一進一退する株価を見ながら「前日比で500円近く上がったのをみてもう下がる、絶対下がる」と確信して売りに出た。

が、結果は前日から８５０円の上げを見せ、もろくも我々の意に反することになった。もちろん利益は十分に出ていたが（８４５０円で買い　９４２０円で売り　差９７０円。１００株単位だから97万円、売買手数料約３％でほぼ70万円ぐらいの利益）、思惑が完全に外れたことに落胆の色を隠せなかった。まさかと思ったのである。7月、8月と値動きをつぶさに見てきてこれ以上の上げはないと一人前のアナリスト気取りでいたのである。

〝売った値と終値の差３７０円　37万円〟このことばかり気になって仕方がなかった。損をした、損をしたという気分でいっぱいになっていた。はじめての取引で利益を出しているにもかかわらずである。あげくに今日はストップ高の値幅制限（１０００円）近くまで上げたが、相場状況からみて松下通信株は1万円の大台は超えることなく下がっていくだろう、だから今日の売りは正解だったと結論づけた。自分に言い聞かせるようにそう思った。

しかし次の日、松下通信株はあっさりと1万円の大台を超え、１０４００円（終値）を付けた。どういうことなんだろう、まだ上がるのか、もう一日持っていればよかった。１００万円も損をした。昨日の売りは失敗だった。といった具合に、一日で正解から不正解に様を変えてしまった。

これが相場だという感覚をこの時に持つべきだった。コイントスして表にもっていく圧力

（予想とその株のもつ少しの現実）、裏にもっていく圧力があるとすれば、投資家の偏った予想の風向き一つで決まる。表が出ても裏が出ても不思議はないのである。なぜなら、当たり前のことだが、売りが成立する時は買いの成立だからである。単純明快なことだが、売り方に自分が回っている時、このことが脳裏から離れてしまっている。一つ一つの株の売買の成立は、その時点で上下のエネルギーを内包しているのである。そのエネルギーを推し量ろうとしても無駄な努力である。心を掻き乱されるだけである。株価の変動に冷静さを失い、失わなくてもよいお金を失うことになるのである。

二．資金調達

手はじめに本業での余裕資金２０００万円で株を始めた我々であるが、株式投資関連の情報や知識を得るにつれ、「大きなお金（たとえば1億円）を賭けて株をやらなければ本当の利益らしい利益は出てこないのではないだろうか」と思った。

そう思った一つの理由は、この時期の雑誌やニュース、新聞等に値がさ株、超値がさ株という言葉または活字が毎日のように躍っていて高い株は信用できるんじゃないかと考え、５０００円以上の株を新聞からピックアップして研究したりしていた。1万円以上の銘柄もたくさん登場するようになり、ますます、株式取引は活況を呈していた。このことも、今思い起こすと証券業界の手口にまんまとはめられた感がする。値がさ株、値がさ株と煽りに煽り立て売買を助長させ出来高を膨らませていったのである。

もう一つの理由は、不景気が続くなかでゼロ金利政策が継続され、今お金を借りなければ損だというような風潮があった。そして、銀行の中小企業への貸し渋りが一向に改善せず、政府が貸し渋り対策として導入した中小企業安定化特別保証制度による融資（信用保証協会が債務保証することで、中小企業は金融機関から無担保で最高5000万円まで借りられる）が継続されていた。

我々は、本業で金回りが悪かったわけではないが（むしろ順調であったのだが）、この制度を利用して株の投資金にあてることにした。また、同様に国民金融公庫で似たような制度を利用し、資金を引き出すことに成功した。二つの機関からそれぞれ4000万円ずつ計8000万円調達した。まさに、他人の褌（ふんどし）で相撲を取るという諺（ことわざ）通りの形ができ上がったのである。今まで本業でこつこつと利益を積み上げ、その利益を元手に新たな製品を開発し、利益を生み出すという実体のある経済の循環のなかで生きてきた我々にとって、何か言葉では言い表せない妙な感覚に襲われたのは事実であった。と同時に、こんなうまい話はないとも感じた。

しかし、現実に8000万円という資金を手に入れ、これで株式投資に本当の意味で参入できると思った。これで、我々の投資金額は１億円となったのである。

三．松下通信以外の株の売買

Ｍさんに薦められて買った松下通信株の他に我々の銘柄選定による株も買ってみようと思って二、三の銘柄を候補に挙げ、検討していた。資金の余裕は、松下通信株で８５０万円使っていたので約１１５０万円であった。この資金の範囲内で買える株ということで物色していた。しかし、５０００円以上の株や1万円以上の株が増えるなかで、１０００株単位の売買単位では、１０００万円や２０００万円くらいの資金ではとても足りないと感じていた。

そこで前にも述べた資金調達となったのであるが、ここは練習と割り切って約１０００万円の資金で株を買うことにした。

8／11　ソフトバンク　１００株単位　ザラ場　２６５００円買い　２６５万円
8／11　ソフトバンク　２９０００円売り　２９０万円　＋２５万円
8／12　ソフトバンク　１００株単位　ザラ場　２８２００円買い　２００株　５６４万円

8／27　ソフトバンク　3800円売り　200株　696万円　+132万円

8／5　青木建設　1000株単位　ザラ場　68円買い　6万株　408万円

8／24　青木建設　77円売り　6万株　462万円　+54万円

8／18　シャープ　1000株単位　ザラ場　1810円買い　1000株　181万円

8／23　シャープ　1770円買い　1000株　177万円

8／27　シャープ　1695円買い　1000株　169万5千円

9／7　シャープ　1720円売り　3000株　516万円　−13万5千円

8／25　武田薬品工業　1000株単位　5820円買い　1000株　582万円

9／4　武田薬品工業　5750円売り　1000株　575万円　－7万円

8／19　ソニー　100株単位　14450円買い　100株　144万5千円

9／3　ソニー　14140円売り　100株　141万4千円　－3万1千円

以上のような売買結果であった。個別に見てみると、まずソフトバンクの場合は、情報通信関連株の中で核となる株として以前より注目していた株であった。また、100株単位の売買ということもあって資金的にも余裕ある売買ができるのではないだろうかという感があった。そして、せっかちな我々にとって、一日の値動きが激しいということも売買しようという気にさせたのである。

ザラ場を毎日観察し、チャート検索を繰り返し、8月11日の買いに至った。リアルタイムの時価情報に朝からかじりつき、ワンクリックごとに買いのタイミングを狙っていた。株価はどんどん下がり、前日の終値よりも1000円近くまで下がり、もう下がらないだろうと思ってNさんに電話をして指し値で買いを入れてもらった。まだこの時はオンライントレードをしていなかったので、注文が成立するまでイライラしどおしだった。「今を逃したらこの値では二度と買えないんだぞ」と言ってNさんに急ぐように煽り立てていた。「ソフトバンク100株265００円（265万円）で買えました」と連絡が入り、よし買えたと喜んでいた。

が、その後も下げ続け、26200円までになった。「あれ、まだ下がるの」という予想外の展開に呆然となっていた。先ほどのNさんとの必死のやりとりはなんだったのかと。株とはこんなものである。投資家は目先に予想を立てて、みんな現実を前にするまで自分の思う方向に進むと少なからず信じている。しかし、市場はせせら笑いながら、あらぬ方向または必然の方向（売り手買い手がバランスする方向）に進んでいく。買えば下がる、売れば上がるというように。このフレーズはずっと我々にのしかかってくることになった。

「まあ安いところで買えてよかったじゃないか。いちばん底で買うなんて神業なんだから」と自分を納得させて時価情報の画面を注視し、クリックを続けていた。

ところが、株価は反転し始め、あれよあれよという間に買値を1000円、2000円と上回り、今度は予想通りになってきたということで、利益の計算にはいっていた。と同時にまた下がるんじゃないかという思いといっしょになっていた。

28500円を超えた時、利が乗っているうちに売ろうと考え、現在値よりも500円高い29000円で売りの注文を出した。一日の売買で25万円とは大きいじゃないか、売買手数料を（この時約３％）引いても15、16万円はあるぞと大人げもなくはしゃいでいた。これほど資金効率の良いものはないだろうと思っていた。まだ売りが成立もしていないのに売れた気になっていた。

結果的には思惑通り２９０００円で売れたが、大引けギリギリまで上げ下げを繰り返しやっと成立したのだった。今日は良い勘をしていたなあと一人は言っていたが、私は単にビギナーズラックのような感覚であった。

次に買いを入れたのもソフトバンクであった。一度目の成功で二匹目のドジョウを狙ったのである。この株はテーマ株だし、新聞雑誌などで３５０００円を超えると書いてあるから、昨日みたいに早く売らなくても買って保持していたらもっと上がるんじゃないかと世間一般の意見に追随して８月12日株価２８２００円と昨日と同じく下がったところで、今度は２００株（５６４万円）買った。その日のうちに約７００円上がったが、読み通りにいっているので売値目標３５０００円になるまで保持することにしていた。買い付けてから六日連続の上げで３３０００円になり、どんどん不安（いつものもう下がるんじゃないか）が募り出し、利の計算が頭の中を駆けめぐり始めてきていた。「今だったら２００株だから96万円ある。手数料を差し引いても80万円ぐらいの利益になる」と思いをめぐらし、片方では「まだ上がるかなあ」とチャートと出来高を見つめている。欲と不安が入り交じった状態に突入していた。

そして、打った手は、後場に入って３３５００円で２００株売りの注文を出したが、成立しなかった。その次の日から二日連続で下げ、やっぱり３３０００円がピークだったんだと後悔しきりだった。だが、三日目から再び、上げ始め、胸を撫で下ろしていたが、損はしていないのに株価が下がるという恐怖に心は充ちていた。目標の３５０００円に近づくと、こんなにいっぺんに騰がるなんておかしい、普通じゃないと確信して３４８００円で２００株売りに出て、今度は簡単に売買成立を見た。明日から絶対に下がるから今日売ったのは大正解だと言い切っていた。チャートを見てもこんな高いところで買う馬鹿はいないと断言し、自信満々であった。

が、またもや裏切られてソフトバンクの株価は難なく３５０００円を超え、４００００円も覗いていた。１００万円を超える利益（今までで一番の利益）を得ていたが、相場勘と分析方向が大きく外れていることにショックを受けていた。

青木建設株は我々と同業種であることと、これ以上下がらないだろうと思われるくらい底値付近の株価（60円台）にあったので、買ってみようということになった。この時期の建設関連株は、どの株も不良債権問題や公共事業の減少等で低位にあり、不振にあえいでいた。建設事業に対する我々の見解も日本において未来はないと考えていたが、まだ建設業界と政界との関係が太いパイプでつながっているのをよく知っていたし、青木建設もバックに政治家の存在があることは周知の事実であったので、まず倒産の危険はないと踏んでいた。

ただ、あまりにも株価が安かったので面食らった部分があったが、万株単位で買うことで調整した。68円で6万株（４０８万円）の買い注文を出し、簡単に成立した。それもそのはずで、その後すぐに65円まで下がった。「なんだ、たった3円か」と思ったが、ふと考えると万株単位で買っていることを忘れてしまっていたのである。いかに株価だけしか見ていないか、また自分の感覚だけを頼りにしているかがよくわかる事例である。慣れはそれを時として隠してくれるが、必ずといってよいほど場合によって顔を出すものである。

結局、青木建設株は60円～65円の間を二十日近くウロウロしていたが、裏情報が流れたのかどうか一日だけ急騰し、その時、利が乗っていたので売りさばいた。

建設関連株はもう二度と買わないでおこうということで売りさばいたのであった。たまたま上がったからよかったが、建設株を買うのは資金と時間の無駄だ、という結論に達していた。建設業に未来はないという予想というか見解だけは、なぜか間違っていなかった。やっぱり同業種であるからだろうか、その後建設関連株は一部を除いて低迷を続けている。

次のシャープ株だがこの株を買うことになったのは、証券屋の薦めによるものであった。松下通信株以来二度と証券屋の薦める株は買わないと思っていた。しかし、銘柄選定に困っていたこともあって、前は資金効率は悪かったが利益は出たんだから今の有望株を聞いてみよう、ということになった。そして薦められたのが２０００円以下のシャープだった。

このシャープ株に関しては、買えば下がるものだから二回三回の買い下がりをする準備をしていた。株の取得平均を下げる手を考えついたのである。下がるのを指をくわえて見ているのではなく、ある程度下がればそこで買い足そうという方法だった。当時は、これで下がっても怖くないと喜んでいたが、後でよく考えてみると、買う時点が悪ければこの方法は資金がかさみ、かえって資金効率が悪くなるということに気づいた。

結果は二回三回と買い下がったが、上がる気配はすぐにはないように見えたので損が小幅になっているうちに売りさばいた。

シャープの他にソニー、武田薬品の株を買い付けたが、思ったように短期間では上がりそうにもなく、損を承知で売りに出し、処分した。損失は小幅ながら売買手数料を加えると約60万円ぐらいになった。8月の半ばから市場は下げ基調のような感があり、暴落があるんじゃないかという観測が我々にあったので、損切りを急いだ結果であった。結局、日経平均株価が下げている時は勝てないのかという思いを抱きながら、次の展開に頭を悩ませていた。

第4章　方向転換——店頭株市場へ

平成11年9月〜11月

株に取り組み始めて二ヶ月が過ぎ、株式市場の大体の様相はわかりかけてきていたが、今までのような売買を続けていては本業に代わる仕事にはなり得ないという考えに支配されていた。

そこで、資金を潤沢にし、株価にとらわれず、有望と思われる株に投資できるような態勢をとった。二ヶ月間、最初の方針であった東証一部の有望株に投資し続けたが、我々の思い描くイメージ（短期間に利益を生んでいくという甘い夢）とはほど遠いものであった。利益は確かに得ていたが、我々の鼻持ちならない高いプライドからすれば大いに不満足な結果であった。

株に関する雑誌を読みあさり、証券新聞も購読し、新しい方法はないかと必死に探し求めていた。が、いつでも利益が得られるような虫のよい方法などありはしなかった。数学や物理のように株取引も法則があるはずだと思いめぐらしていたが、そんなものはどこにも存在しないということがずいぶん経ってから悟った。

8月半ばから店頭市場は活況を呈していた。我々も店頭株に興味を持っていたが、店頭株の危うさ（倒産、不正取引、インサイダー等）を聞いていたので踏み込めずにいた。そこで、Mさんに店頭株について現在の状況を聞いてみた。

「昔はよくは知りませんが、現在は情報も開示され、審査基準も厳しくなっていて、一部の人間が株価を操作したり、インサイダー的なこともほとんどなくなり、透明感が出てきてますよ。だから東証一部の株のように売買されてもなんの心配もないと思います。それに今現在、情報通信関連株を引っ張っているのは店頭市場のＩＴ株ですよ」

という返事が返ってきた。「なるほどなあ、東証一部の株でウジウジした売買をしているよりそのほうが良いかもしれんなあ」と思い描いた。我々は、店頭株でいくつか信じられないくらい暴騰している株を雑誌や新聞で見たり聞いたりしていたので、この店頭市場の流れに乗らない手はないと考えた。ここに大金を投じて年内に倍にしてやる、と意気込んでいた。

9月に入り、前に述べたように東証一部の株を全て売り払い、店頭株へと方針変更を試みた。ＮＨＫ文字放送で受信している株の注目銘柄欄から東証一部株を消し去り店頭株に切り替え、店頭の有望株を研究し、今後買おうとする株を選定する作業に入っていた。情報通信関連株、介護関連、バイオ関連、ゲーム関連と今市場に火が付いているものを選んだ。

ＩＴ関連では、インターネット検索の「ヤフー」、インターキュー（現グローバルメディアオンライン）、コンピュータウイルスで名を得ている「トレンドマイクロ」、コンピュータシステムの「日本オラクル（現在は東証一部）」、アクセス、フューチャー、ネットワン、メール事業を展開する「マスターネット（現ゼロ）」、ソフト関連では「ＡＴＬ」、「ジャストシステム」など挙げればきりがないほど有望株があった。

そして、ＩＴ関連株はどれもこれも時流に乗って株価がつり上がって、急成長を遂げつつあった。我々もこの時流に乗って大儲けしようと考えていた。介護ブームに焦点を合わせてきたグットウィル・グループ、ゲームではＫＣＥＯ（ＫＯＮＡＭＩの子会社）、携帯電話事業で躍進する企業などがどんどんと店頭市場に名乗りを挙げていた。まさに、いけいけドンドンの状況にあった。我々はまず資金調達した一部の４０００万円を追加し、元金を６０００万円として店頭市場へ出陣した。

最初に買い付けたのは、株式分割の情報で値を飛ばしていた「アクセス（４７００）」であった。

９／２　アクセス　１株単位　買い　１８５０万円

二日連続のストップ高（制限範囲２００万円）で買えなかったが、当初予定買値を４００

万円超えてもあえて買いに出たのである。すでに四日連続で上げており、不安いっぱいであったが、分割を発表した株は大体上げ続けていたのでリスクを承知で勝負に出たのである。

9／3　**トレンドマイクロ**　500株単位　買い　29200円　1460万円

この「トレンドマイクロ」も分割期待で続伸しており、ソフトバンクの出資会社であったため、人気株となっていたので買っても損はないと判断し、買い付けた。なにしろ、この時期は分割の情報が流れただけで株価はうなぎのぼりに騰がった。

9／6　**インターキュー**　1000株単位　買い　22000円　2200万円

「インターキュー」は店頭公開から間もない新規公開株であった。インターネット検索会社としてヤフーに追随する会社であり、注目されていた。この頃の新規公開株は人気の的となっていたので（今はそうではないが）、大丈夫だろうと買い付けた。そして、インターキューはマーケットメイクで値幅制限がなくバクチ的要素が強いと考えていたので、良い上がりを見た時には売り抜けようと思っていた。

9／7　**ネットワン**　100株単位　買い　12200円　122万円

「ネットワン」はこれからのネットワーク事業に目的を定め、収益も順調に伸ばしていた。三菱系の会社であり、大化けの期待はなくとも徐々に上がるだろうと予測し、買い付けた。

9／8　**多摩川電子**　1000株単位　買い　4000円　400万円

「多摩川電子」は新規公開株の一つであった。ＩＴ関連の部品の製造をしており、ハードの部分で期待できそうなので、未知の魅力を買って押さえておこうということで買い付けた。

ネットワン、多摩川電子が小口の買いになったのは、資金の６０００万円を全て使い切る目的でもあった。資金の枠いっぱいに使った投資にしたのである。〝資金を遊ばすことは愚の骨頂である。それが、たとえ微々たるものであっても〟というのが相場においての我々の持論であった。そうすることによって、チャンスを最大限得ることができると信じて疑わなかった。その反面、リスクが最大限膨らむとは、この時まだ脳ミソの片隅にもなかったのである。

こうして９月の初めに店頭市場で約６０００万円もの投資を完了したのである。自分自身では気づいていなかったが、完全に麻痺し始めていた。最初の頃の１０００万円と今（９月）の１０００万円とではまるで違う。慣れだけではなく、右から左に数千万が軽く動き出していた。日常では重いはずの金子が空気中に飛び交い始めていたのだ。

相場の中で株価の揺れを追っていると必ず自分自身は真ん中にいると錯覚してしまう。ほとんどの人の場合、金子を人質に取られ、崖っぷちを歩いていることを認識していない。いや、しようとしない。落ちて、または落ちかけて我に帰るくらいのことである。それでは駄目だと思いつつ、余裕のあるうちは何度でも繰り返すものだ、とつくづく思う。

東証一部での株売買は9月に入っても上がり下がりを繰り返し、大企業による持ち合い解消売りが頻繁に行われて、上がるに上がれない状態が続いていた。東証一部の株の低迷をよそに、店頭市場は情報通信株を中心に活況を呈していた。我々の店頭市場へのくら替えはそういう意味においては正解だった。時流に乗れた感があった。

店頭市場で最初に買ったアクセス株は9月末の1：2の株式分割となり、分割を取りにいくことに決定していた。株式分割を簡単に説明すれば、分割する日を決定し、その日の株価を分割比率で割り、株数を増やすことで投資家に利益を還元する一つの方法である。

アクセス株の場合、1：2の分割なので1株所有している人は株価は半分になるが、株数は2株所有することになる。分割余力があるということは、その会社の業績が好調に推移していることを意味していることが多い。

アクセス株は我々が買い付けた後も分割のうまみが誘ったのかストップ高（200万円買い気配を何度も演出し、一時は2900万円の高値を付けた（我々の買値は1850万円だったので1000万円以上プラスになっていた）。ものの十日でこの結果であった。こんな演出をされては、感覚は麻痺しても仕方がないと思った。案の定、アクセス株は3500万円まで高騰（あ）がると言い出していた。3500万円で分割して1750万円か、1株丸儲けだなあと電卓をはじいていた。

ところが、世の中そう簡単には問屋は卸さないものである。アメリカ経済の高成長は持続されていたが、インフレ懸念による金利引き上げやアメリカ経済の減速などの憶測が流れ、ニューヨークダウ平均、ハイテク市場のナスダックも大幅に下落し、日本株も影響を受けて全面安の展開になった。

アクセスも例外ではなく、今度は分割前の利食いとアメリカの影響を受けてストップ安（２００万円）の売り気配を何度も演出し、分割時の株価は２１００万円だった。ものの一週間で含み益８００万円を失ったのである。実際にはまだ含み益２５０万円あったが、消えた含み益が大きすぎたのでなぜこの状況が事前に読めないのかと自問自答し、まだまだ株について勉強不足だと思い悩んでいた。確かに勉強不足ではあったが、現実の事態がこうだからあの時こうすればよかったのにといっても無駄だとも考えていた。この時一つだけ理解したのは、含み益というのはいくら増やそうと引き出してこなければあくまで架空のものであるということだった。

その後のアクセス株の処理は、分割後、ストップ高を二、三日続けたので10月の初めに１４７０万円で１株売った。また、何かあって下げられたら含み益が減少するという危機感があって、１株の利益は確保する意味で売り払ったのである。もし、これから上がったとしても、新株が一つ残っているのでそれで利を得ようと思っていた。分割後の新株の売買は11月まで待たなければならないが、分割時の1050万円の株価は下回らないと考えていた。

が、やはり、売れば上がるという我々だけ（?）のジンクスなのか10月半ばにアクセス株は我々の売値を500万円以上も上回る2080万円の高値を付けた。あせりすぎじゃないか、我々は！　何度同じことを繰り返せば気がすむんだ。なんて無能なんだ……と、この時ばかりは腹立たしい思いも超え、呆然となっていた。怒りをぶつけるところもない思いをMさんにぶつけていた。

「売る時にまだ上がりますよ、もう少し保持したらどうですか、となぜアドバイスしないんだ。それが手数料取っているお前ら証券屋の仕事じゃないのか」

とすごい剣幕で電話口で恫喝していた。もちろん、Mさんは謝るしかなく、彼にとっては日常茶飯事のやりとりと思っていただろう。「そんなアドバイスをして下がったら下がったで文句を言われるんだから、口出しできるわけないだろう。ばかが」という気持ちであったにちがいない。証券屋も我々も先が見えないのは同じなのである。自己責任の上で取引するしかないのである。

アクセスのもう1株は、新株が市場に出回れば需給バランスが崩れ下がる可能性がある、と雑誌などで知っていたので、新株の出回りだした11月の初めに1600万円で売りさばいた。その後の高値は例のごとく1850万円まであったが、慣れっこになった感があった。

というのも、このアクセス株で十分利益を得ていたからだった。

アクセス	買い	１株	１８５０万円
	売り	１株	１４７０万円
	売り	１株	１６００万円
			＋１２２０万円

（売買手数料を引いても１１００万円以上の利益）

トレンドマイクロ株は、９月末の分割まで大きく動くことはなかった。しかし、アクセスと同時期の分割であり、また、同じＩＴ関連株ということで９月のアメリカ市場の下げの影響を受け、分割時の株価は２５６００円と我々の買値より３６００円（５００株単位だから１８０万円マイナス）下がっていた。アクセス株と同様に分割を取りに行くことを決めていた。アクセス株と異なっていたところは、大型分割といわれ、１：３の分割であったことだ。我々は５００株保有していたので、分割後は１５００株保有することになるのである。

トレンドマイクロ株の処理も、アクセス株と時期を同じくしていたので心理的状態も等しく、相場の流れを見誤った売りとなったのはいうまでもないところである。もともと高値で買ってしまったと思っていたこともあり、分割後、四日連続でストップ高かそれに近い上げをしていたので１４６００円で５００株（７３０万円）で売りさばいた。その後一日二日と下げたので、この売りは正解だったと売りのタイミングの良さを喜んでいたが、やっぱりアクセス株と同じように高騰し、10月の高値は２２８００円（５００株単位１１４０万円）だった。

アクセス、トレンドマイクロ株であせり売りで失敗を続けていたので、11月のトレンドマイクロの新株の１０００株はじっくり待って高値を見極めようと考えて売りさばいた。しかし、やはりトレンドマイクロの11月の最高値（２６６００円）付近で処理できなかった。

トレンドマイクロ

買い

２９２００円　５００株　１４６０万円

売り

１４６００円　５００株　７３０万円

２２１００円　１０００株　２２１０万円

＋１４８０万円

売買手数料を引いても約１４００万円の利益があったのである。普通の考えなら大きな利益を得たと素直に喜ぶべきなのだが、たまたま分割ブームの恩恵に浴したにすぎないという思いと、こんな売買テクニックではとうてい常に利を生み続けるのはむずかしいのではないかと、漠とした不安が浮かんできていた。

インターキューは、先に述べたようにヤフーに次ぐ検索会社として買い付けた。本当はヤフーを買いたかったのだが、相場始まって以来の高値（高額）の株で１株５０００万～６０００万円の間で取引されていて、手の出しようがなかったのである。また、現在の資金全部をヤフー株に賭ける勇気を持ち合わせていなかったである。

そこで、インターキューにヤフーの株価の跳ね上がりを求めて２０００万円以上の投資となったのだった。我々はこの株でも勝手なシナリオを作成し、６０００万円、７０００万円の株価を期待して株取引に臨み、日一日の株価に動かされ、雑誌、新聞などの情報に左右されて、あらぬ方向の株取引に進んで行くことになってしまっていた。

銘柄へのある程度（どの程度がよいのか、未だにわからないが）の先入観は仕方ないにしても、株価に対しての先入観は絶対に持ってはいけないと学んだと感じている。それは何度も言っているように、株価を追い出すと裏表が出るたびに、損と得が入り交じってそのことが頭を占拠し、知らず知らずのうちに冷静さを失ってしまっているのである。普段なら両眼を閉じていても見えているものが、両眼を開いていても見えなくなるものである。そして、その株の風向きを見失い、大きな後悔を後ろに残していくことになるのが株だと思えた。利益が多少でも出ていれば救われるが、損失がかさみ出せば心理的にも大きな影響を及ぼすことはいうまでもないことである。インターキュー株ではまだ利益という薬が我々を救ってくれていた。

インターキュー　１０００株単位

買い　２２０００円　２２００万円

売り　３３０００円　３３００万円

＋１１００万円

この株も大きな利益を得たわけだが、この株の売買はいろいろな問題を含んだものとなった。

マーケットメイクのインターキューは一日の取引時間内にどのくらい上がるんだろう、どのくらい下がるんだろうという期待と不安を同居させている株であった。その証拠に、買って四日で高値で３６０００円（３６００万円）になり、含み益は１４００万円になったのである。思い通りの展開になり、ヤフーの株価に必ず肉薄するだろうと保持していたが、二日で２７０００円（２７００万円）まで下がるといったようなことが起こっていた。ザラ場では一日５００万〜６００万円の上下はざらにあったのである。なんとも荒っぽい株だなあという印象が強く、目が離せない株だと感じていた。

インターキューもナスダックの下げの影響を受け、ヤフーの株価どころか、利益さえ危うい状況（2400万円、含み益200万円）になってきていた。毎度同じくなぜあの高値の時に（3600万円、含み益1400万円）売らなかったのかと後悔しきりで、銘柄に対するシナリオは頭から吹っ飛んでいた。しかし、IT関連株が徐々に値を戻しかけていたので、また上がってくるだろう、前の高値（3600円）は二度と超えないと思うが、その付近までは戻すはずだ。このチャートを分析すると間違いない。その時売り抜けようと決定していた。ヤフーの株価など完全に忘れ去っていた。予想通りに上げ出し、株価が大引けの少し前で30000円を付けたので、勘が働いたのか、今日売らないと明日下がってチャンスをまた逃すと思ったらしくMさんに売り注文を出したのである。

ここで問題が起こったのである。

マーケットメイクの株はMさんが我々から注文を受けてそのまま取引市場に注文を出すのではなく、N証券の本店にMさんが注文し、それから取引市場に注文が出されるといったワンクッション置いた売買システムであった。このワンクッションにどういう意味があるのかわからないが、不透明感が心理的にあった。

売り注文を出した後、リアルタイムの株価情報に我々は釘付けになって30000円の株価での出来高を見つめていた。売り注文に対しての買い注文の動向を注視していたのだ。出来高が１０００株以上出来れば我々の売り注文は成立すると確信していた。２０００株出来高が増えたので成立したと思い、ほっと胸を撫で下ろしていた。取引時間が過ぎ、売買成立の確認の電話をＭさんに入れた。

すると、「まだ東京から電話がないんです。たぶん出来ていると思いますよ、折り返し、電話入れます」とのことだった。しかし、三時半を過ぎても電話がないので不安になってこちらから連絡すると、「まことに申し訳ありません。画面上では私も約定済みと思いこんでいたんですが、他の売り注文と重なったようで、東京からの返事は、出来ずということでした。本当に申し訳ありません」と何度も謝っていた。

が、黙って「はい、そうですか」と言える状況ではなかった。インターキューの株価の動きは下げの基調で始まる時は寄りつきから２００万、３００万円という大きな下げで始まることが多く、今日処分できなければ大きな損は免れないと感じていたので、頭に血が昇った状態になっていた。いわずもがな証券屋Ｍさん罵倒の図となった。

「出来なかったですむと思うのか、この始末どうつけてくれるんだ、本当に君は注文を迅速に出したのか、時間は十分にあったはずだ。それに、東京から連絡が来ないのならなぜ自分から確認の電話を入れないんだ。お客様の我々に三時半過ぎて電話を入れさせておいて〝出来ませんでした〟で納得するとでも思っているのか。お前の怠惰以外の何ものでもないじゃないか。客の利益を守るのがお前らの仕事じゃないのか。明日、下がれば、お前が損失補塡でもしてくれるのか、さもなくば、我々の株と金は全て引きあげる」と言って、最後に「我々の取引は小口じゃないから、あんたは九州でも沖縄でも好きなところへ飛ばされればいいいんだ。二度と君の顔も見たくないし、アドバイスもいらない」と結んで、電話を強く切った。はらわたが煮えくり返って興奮が少しの間冷めやらなかった。

電話の向こうのＭさんは客の暴言には慣れていただろうが、株と金あわせて６０００万円を引きあげると言われてはじっとしていられなかったのだろう。以前より我々投資家を言うことをきかない奴らと思っていただろうから、よけいに不安に思っていたにちがいなかった。

我々の観測どおり、Ｍさんは我々の仕事の時間を見計らって、やって来たのだった。会社へ着くなり、不手際について何度も謝り、口座の引きあげだけは勘弁してくださいと懇願していた。

「君にもまだチャンスがあるじゃないか。明日、上げの基調でくればよいんだから」と私は冷たく言い放った。「これがもっと大口の顧客なら損失補塡か何かで埋めるんだろう。それがお前ら証券屋の体質なんだよ。だから山一も転けたんだよ、中にいるからわかるだろう」と脈絡のない話をして、「とにかく、明日結果が出るから君も賭けるしかないと思うよ。帰ってゆっくりお休みください」と言ってお引き取り願ったのだった。

次の日、インターキューの株価は３００００円を超える上がりの基調で始まったので、Ｍさんは喜び勇んで電話をかけてきた。「上がってますよ。どのくらいで売りに出しますか。今日は失敗したくないので早めの注文をお願いします」と聞いてきた。「上がっているんだから、もう少し様子を見て売り注文出すよ。それにしてもＭさん、首の皮一枚つながったね。けれど、ペナルティーは消えないからね。今度こんなことがあったらブックビルの株を一つや二つ持って来てもすまないからね。覚えておいてね」と言った。Ｍさんは「よくわかっております」と返事をしていた。

我々は、この事件を通して売買の仕方自体を変えなければいつまでもこのようなことは起こりうると考えていた。〝電話で証券マンを通して〟という形自体にイライラがあるんだと気づいていた。やはり、今、流行りつつあるインターネットによるオンライントレードをやるべきだと感じたのである。

現在では主流になりつつあるが、この時はまだ証券会社側もこの取引システムの整備段階にあって強く推し進めていなかったので我々も真剣に考えていなかった。しかし、我々の意向を直接株式市場に反映させるには、この方法しかないと思った。そうすれば信用できない証券マンを通さずに好きな時に売買できるし、なおかつ手数料も安くなるというじゃないか。これで煩わしさをなくせるし、いらない情報を聞かないで自分の判断で売買できるというもんだ。決定だ、すぐにオンライントレードの手続きをしようということになり、完全に切り替えたのである。この方法が良いか悪いか別にして、自分たちだけで株の売買をするんだという意識が高まったのは事実であった。

結局、インターキューは証券マンの売りそこねで〝吉〟と出て予定よりも３００万円上積みされ、手数料を差し引いても、１０００万円の利益が出たのである。すごい利益が出たと手放しで喜んでいたが、インターキューはその後（我々が３３０００円——３３００万円で売り払った後）10月は半値以下（１５０００円）までの下げを見せ、大正解だったとなぜか安心していた。しかし、株式分割の情報が流れ、11月の高値はあっという間に1億円を超えたところに付けていたのだ。やはり最初のシナリオ通りヤフーの株価を追う株だったのかと今ごろ思い起こして、〝保持していればなあ〟とため息をついてしまっていた。

株というのは、今は良くても、先は良いかどうかわからないものである。だから、処分した株、利食った株に対して、上がろうと下がろうと気になったとしても、〝我関せず〟の姿勢を貫き通さなければ、次の売買の時にあの時はこうなったとか、前に売った時に後から上がったとか、以前の売買の残像を引きずることになるのである。これはとりもなおさず、判断を鈍らすことにつながり、またぞろ失敗の連鎖につながっていくものだと思った。

付け足しのように買ったネットワン株は、我々には珍しく買ってすぐに上がるという展開を見せた。二日目にはこの株としては大きな上がりをしたので利の乗っているうちに売りにいこうと考え、ザラ場で高めを狙って売却した。こんなに早く処分したのは、何千万円単位の株をこの時は保有しており、百何万円の株なんか持っていても遊びにすぎないからという理由だった。このことでもわかるように、我々は株における金銭感覚が麻痺し始めていた。株価が倍になったって百万円そこらしかならないという感覚になっていたのだ。結果的にはこの株も二倍、三倍と続伸していったのだが、先にも述べたように、考える必要のないことである。

ネットワン　　１００株単位

買い	１２２００円	１２２万円	
売り	１４７００円	１４７万円	＋２５万円

手数料を引いても20万円の利益があった。この利益は少ないと感じていたが、買えば上がるのパターンでの取引であったので満足していた。

多摩川電子株は、新規公開株であり、ＩＴ関連のハードの部品製造ということで、店頭の好況の波に乗れば大化けするかもしれないと思っていたが、買い付けて以来、上がることなく、三回に及ぶ買い下がりも功を奏さず、損切りを余儀なくされた。

多摩川電子　１０００株単位

買い	４０００円	４００万円
買い	３７００円	３７０万円
買い	３４００円	３４０万円
売り	３０００株	
	３３５０円	１００５万円
		−１０５万円

手数料を入れて１３０万円くらいの損を出したのである。一ヶ月近く保持していたが、この株の人気は薄れていき、出来高も減少し続けたので、保有していても時間と資金の無駄だという結論に達し、損切りに踏み切ったのである。この株を買ったことで、この時期の店頭市場を支えているのは、情報通信株で値がさ株だけであることがはっきり認識することができたのである。人気が一部分の株に偏り、他の業種に資金が十分に投資されない状態だったのである。いくら企業の業績が良くても投資家の関心度（人気）がなければ、株価に反映されないのである。

9月から11月の初旬にかけて、我々は店頭市場の情報通信関連株と株式分割の株に焦点を合わせ、時流に乗ってある程度利益を重ねることができていた。が、一方で株価が五倍、十倍となる株に対して不安感を持ち続けていた。しかし、利益が出ているうちは良しとしよう、暴落に捕まらないように時局を読めば、大丈夫だろうという安易な気持ちでいたのである。売買間隔も通常の投資家のそれと比べると短期間（長くても一ヶ月、短いものなら三、四日）で〝投資家〟というより〝投機家〟といってよいほどであった。

9月の初めに6000万円の買いをしていたが、10月には、株の売却益で4000万円以上の現金が資金としてプールされていた。資金を遊ばすのは無能のなせる業だ。良い銘柄を選定して買いを入れようと考えていた。

9月に入って分割で利益を得ていた我々はこれから分割する株はないかと探し、大型分割（1：5）の情報が流れていたリソー教育を買い付けることにしたのである。教育関連の株ということで、少し不安を持っていたが（少子化が進んでいること、不景気のあおりを食って各家庭の教育費の削減等）、インターネットを使った新しい教室運営で業績を伸ばしていると情報雑誌などに掲載されていたので買ってみようと思ったのである。

「まあ、これだけの分割をするんだから、悪いはずないよな」というような軽い気持ちでいた。

10／8　リソー教育　　1株単位
買い　221万円　20株　4420万円

この日は、１９２万円の買い気配で始まり、注文を入れるが、売りが来ないでどんどん値がつり上がって、人気が付いているなと感じ、「どんな高値になっても買え」とＭさんに指令を出していた。そして、やっと買えたのがその日の高値の１万円下の２２１万円であった。２２２万円はストップ高だったのでそのまま買い気配で終わると我々は読んでいたのだが、利食いが入り２００万円まで下げてしまった。買値からただ21万円下がったのではなく、20株一度に買い付けていたので４００万円以上のマイナスとなったのであった。４０００万円以上の大金を一つの株に投資していたのである。

他の誰かが投資したわけではないが、マイナスを食らって初めてその重大さに気づき、金銭感覚が麻痺してしまっていると思っても〝あとの祭り〟である。何百万円単位で利益が転がってきて、気分が大きくなっていたのである。大きな投資金で大きな利益を生もうとしたリソー教育株の買いであった。その時はそのように反省しているが、一度美味しい思いをして身に付いた金銭感覚は、口で何度となく反省を繰り返したところでなかなか拭い去れないものである。リソー教育株の行方は次章に委ねることになるが、我々にとって大きな打撃となったのはいうまでもない。

第5章 売買手法の模索

平成11年11月

一．リソー教育株の行方

リソー教育株の買いは、結果的に見ても売買方法の点から見ても、我々に大きな打撃を与えた。大きな利益を得て麻痺した金銭感覚とこの時期の株式分割に対する妄信が損を拡大させ、資金効率を著しく悪化させることにつながった（長期間保有を余儀なくされた）。

リソー教育株を１株２２１万円で20株買ったわけだが、こんな無謀な買いはどうして起こるのだろうと考えてみた。自分を擁護しているように聞こえるかもしれないが、こんな買い方をしたのはこの株に関していえば、少数だろうけれど我々だけではないはずである。証券マンがよく言うように〝買うから上がる〟〝上がるから買う〟といった具合に買いにいった結果が高値を演出するのである。その後も続伸してくれれば、その高値は次の高値に代わり利益を生んでくれるのだが、しばしば、買い上がった高値は次の高値を演出せず、株価の折り返し点になってしまうことが多々ある。今回の買いは証券屋のいう〝はしごを外された〟状態となってしまったのである。

リソー教育株は後ろに株式分割といううまみがついていたとはいえ、一度に大山の買いをしたのは失敗だったといえる。上がる予想だけで株を買うのはとても危険なことである。そこに必ず下げに対してのリスク管理をしておかなければ、損を拡大させることになる。たとえば20株買う予定であるならば、５株ずつ分割して四回で買えば、下げられた時には取得平均株価が下がり、損になったとしても痛手も軽くなるのである。「じゃあ、上がってしまった時、少ししか買わなかったら損するじゃないか」と言う人がいると思うが、上がれば利益が少ないだけで損は実際にはないのである。チャンスを最大限に生かし切れていないと考える人もいるかもしれないが、上がる下がるは未知の領域である。確率でいえば短期的には50%の確率しかないのである。確実に上がるという情報があったとしても、売買するのは不確かな心といろんな目論見を持った投資家であるからだ。良い情報が必ず上がるとは限らず、また、悪い情報が流れたといって下がるかどうかわからないのである。

リソー教育株は分割日までに我々の買値より41万円下がり、１株１８０万円になっていたが（すでに８２０万円マイナス）、大型の分割１：５ということですぐ取り戻せると楽観的に考えていた。分割時の株価は36万円で始まり、一時ストップ高の44万円までかけのぼったが、利食いに押され、分割時の株価まで戻された。我々は分割によって1株36万円の株を100株（3600万円）保有することになった。この株は高値で一括での買いであり、間違った買い方をしたのだから少しでも利益が出れば売り払って、新規の株で確実な売買をしようと方針を決めていた。

しかし、利益どころか、株価はどんどん下がっていった。おかしいなあ、何かあったのだろうかと思っていた。いくら何でもこんなことはないと考えていたが、我々が知らないだけで投資家の人々はみんな知っていたのかもしれない。

我々が騙された（言葉に語弊があるが、そのような感覚）という事実が判明した。他の投資家もそう感じた人がたくさんいたから、こんなに下げているんだろうと思った。その事実とは、普通一般の分割なら新株（この株では80株）の発行は五十日後に手続きを経てされるのであるが、リソー教育の場合は分割後すぐに100株分の売買可能となっていたのである。我々は分割の条件をちゃんとチェックしていなかったのである。これは、我々の無知と思い込みの産物であった。Mさんに聞いて、「なぜ早く教えてくれなかったんだ」と言っても、「僕も知らなかったんです」と答えていた。だから、騙されたという感情を持っていたが、Mさんも度重なる罵倒で我々に対して協力態勢が失われていただけで知らないわけがないと思った。

その事実とは、額面変更であった。株数を五倍にする代わりに額面（1株の元値）も五分の一にするということだった。リソー教育の場合5万円の額面から1万円の額面に変更されたのである。ということは、会社自体の資金が増えたのではなく、ただ単に株数を増やすだけの分割だったのである。投資家にとっては〝これじゃ、なんのうまみもない〟と思うのは当然であった。それがそのまま株価に反映されることになったのである。人気も徐々に離散していき、出来高は減る一方となり、我々の保有株の100株は一度に売り払うこともままならない状態となっていった。

結局、リソー教育株は分割以後値を戻すことなく、2月まで少しずつ売りさばいてリソー教育株と縁を切った。株価が高いところを見計らって1株～5株ずつ売り続けたが、損失は減ることはなかった。

リソー教育

買い　221万円　20株　4420万円　売り平均（分割で100株）
21万円　100株　2100万円　－2320万円

二．底値圏にある株への投資

9月から11月にかけて店頭市場で株投資をしてきたわけだが、総括してみると情報通信関連株の人気と株式分割による上がりだけの利益だけであった。こんな状態では、長く株式市場で利を上げ、資金を増やすことはむずかしいのではないかと考えていた。今までの売買の方法を振り返って見ても、確たるものがどこにも見当たらなかった。

そこで、我々は、今までの取引した銘柄のチャートを検索して分析してみることにした。するど、どの株もこんな高値でよく買ってきたと思えるものばかりであった。高値ゾーンで買えば、それだけ下げのリスクが増大するのは当然のことである。IT関連の人気と分割の魅力と日経平均の2万円への期待がなければ、我々の利益どころか元金まで食いつぶす状況になっていたかもしれなかったのである。それほど稚拙な、そして無謀な買いだったことは明らかだった。しかし、同時に時流に乗って利益を得たのも事実であった。だから、素直に今までの利益もフロックとは考えにくいものであった。この感覚が後から命取りになるとは思わなかったが……。

それにしても、どこで買い付けても儲けられるという時期はそう長くは続かないだろうと思っていた。

店頭市場の活況は一部のＩＴ関連株、介護関連株だけで、全体を見ると出来高も少なく、売りたい時に売れないような株があり、これからの我々の投資には一部を除いては向かないと判断し、東証一部の株に戻ることにしたのである。

東証一部の株（建設株を除く）を全て見直し、業績はある程度良く、株価は底値圏のある株をピックアップし、過去四年間のチャート分析し、買い付けることにした。分割株やリソー教育株にまだ資金をとられていたので資金を２０００万円追加して投資にあたった。これで元金８０００万円になったのである。

リストアップした株は、次の通りである。

サカタのタネ、花王、信越化学、山之内製薬、日本ハム、山崎製パン、イビデンの七つ。

売買の結果は次の通りであった。

サカタのタネ　　１００株単位

買い	２６００円	３００株	７８万円
	２５５０円	３００株	７６・５万円
	２５００円	４００株	１００万円
取得平均	２５４５円	１０００株	２５４・５万円

売り平均2690円　1000株　269万円
+14・5万円

花王　1000株単位
買い　2920円　1000株　292万円
売り　3070円　1000株　307万円
+15万円

信越化学　1000株単位
買い　4070円　1000株　407万円
売り　4420円　1000株　442万円
+35万円

山之内製薬　1000株単位
買い　4400円　1000株　440万円
売り　4950円　1000株　495万円
+55万円

日本ハム　1000株単位
買い　1270円　1000株　127万円

売り	１３２０円	１０００株	１３２万円
			＋５万円

山崎製パン　１０００株単位

買い	１２３０円	１０００株	１２３万円
売り	１１９０円	１０００株	１１９万円
			−４万円

イビデン　１０００株単位

買い	１６７０円	１０００株	１６７万円
売り	１６３０円	１０００株	１６３万円
			−４万円

これらの売買は11月初旬に買い付け、末には売りさばいたものであった。確実な売買をやっていこうと方針を決めたものの、店頭市場で行っていた売買の残像が大きく影響し、底値圏で買い付けたにもかかわらず、上がる時は少し、下がる時も少しという状況に、イライラの頂点に達し、約二十日の保有で見切ったのである。はじめから予想できた株の動きだったのだが、２０００万円近くかけて、売買手数料を引いて約１００万円の利益では株をやっている意味がないと言い出したのである。

そう言い出したのには理由があった。それは、周りの相場環境にあった。ＩＴ関連株は少し騰げすぎていて過熱気味ではないかというアナリストの声が聞こえ始め、一時ＩＴ株は小康状態になっていたが（我々もいくら何でも騰がりすぎで、もうすぐ人気が離散して大きく下げると思って11月の銘柄にしたのだが）、年末に向けてアメリカのナスダック市場もうなぎのぼりに騰げ出し、ＩＴ関連株は二段上げ、三段上げの様相を呈し始めていた。その証拠に、我々の保有している分割株であるアクセス、トレンドマイクロといったＩＴ株も騰げ出していたのである。そしてまた、日経平均株価も2万円に向けて上昇し始めていた。

今、こんな投資をしている場合ではない。時流に乗り遅れて大きなチャンスを失うことは、株に真剣に取り組んでいるとはいえないのではないか。チャンス（大きく儲ける時）はそうそうやって来ないと思ったのである。地道な売買をやっていこうと思っても、周りの環境によって、または情報によって時を同じくしながらあらぬ方向を指さすものである。その方向に向かって方針を再転換し、年末の株取引に臨んだのである。

第6章　ＩＴ関連株に賭ける

平成11年12月

一．再び情報通信関連株へ

我々は、再びＩＴ関連株での大儲けをもくろんで、11月に分割株、底値圏で買い付けた株などを処分して（リソー教育株は現時点では塩漬け）、一からスタートすることに決めた。

11月20日過ぎの時点での資産状況は元金８０００万円で現金８０００万円、現物株（リソー教育　買値４４２０万円）であった。このように現金の状態はイーブンでリソー教育株の分だけ利益という形であった。リソー教育株は、前にも述べたように少しずつ高値を見つけて売りさばくことにして計算に入れないことにしていた。資金はもう２０００万円残っていたので、いつでも追加できるようにスタンバイしていた。今まで経験してきて、東証一部でも店頭市場でも二部でも関係ないことがわかったから、これから日本のＩＴ産業を引っ張っていくだろう株を選んで賭けてみようと決定していた。

東証一部から、ソフトバンク、松下通信、光通信、東証二部からＦｓａｓ、ニチイ学館、店頭市場からマスターネット、日本オラクル、ＡＴＬ（エーティーエルシステムズ）等を候補に挙げ、買うタイミングを計っていた。

まず、どうしても押さえなければならないと思っていた株はソフトバンクであった。ソフトバンクはＩＴ関連の子会社を多数持っており、またＩＴ関連の会社にたくさん出資していたので、日本のＩＴ関連株を引っ張っていく株として誰もが認める株であった。我々も8月に一度、株価３００００円あたりの時買い付けており、市場のテーマ株的存在として注目し続けていた。ある種、ＩＴ関連株の浮き沈みの指標となっている株であった。9月から10月にかけて株価は３５０００円から４５０００円あたりを行ったり来たりしていたが、11月になって一気に騰げる気配を見せ始めてきていた。上げている中の安値を狙って買い付けようと買い場所を探し、やっと買いに至ったのであった。１００株単位の売買であったので１００株ずつ五回の分割をして取得したのである。少しは成長の跡が見える買いだと満足していた。

ソフトバンク（９９８４）　１００株単位

11／21

	買い	１００株	６４０００円	６４０万円
		１００株	６４５００円	６４５万円
11／22	買い	１００株	６５２００円	６５２万円
		１００株	６８３００円	６８３万円
11／24	買い	１００株	７１０００円	７１０万円
	買い	５００株		３３３０万円
	取得平均		６６６００円	

しかしながら、上げ途中の買いであったため、分割買いは功を奏することはなかったが、下げに対するリスクを考えていた点において意識の転換が見られたように思えた。こんなに上げて行くなら一度に買えばよかったと悔やんだのも事実であったが、その心は封印しておかないと、また大きなミスになると言い聞かせていた。

ここまでの気持ちの平静さは評価できたのであったが、いざ株価の時価情報と日足チャートを毎日見続けていると、株価の揺れと同様にそのちっぽけな平静さは上下に揺れるたびに徐々に掻き消され、売りの判断をする頃には市場全体の流れに対する認識（ＩＴ関連がこれから騰がっていく）さえもどこかに置き忘れ、株価だけを追うような展開になってしまっていた。だから、一つの売買が終わるといつも相場全体の方向性は予想通りに動いているのに売買に反映されていないと感じていたのである。

ソフトバンクは11月に一年で十倍の株価になったと騒がれていたが、ＩＴ関連株では珍しくはなかった。どのＩＴ株も十倍、二十倍と株価を伸ばしていた。このＩＴ株の株価の伸びが異常だと一部のアナリストは警鐘を鳴らしていたが、株はその会社の将来に対しての投資であって、これからの日本を引っ張る産業の中核となるＩＴが伸びていくのは当然のことで、むしろまだ安いくらいだというアナリストが多数いた。どの意見が正しいか、この時点においてわからなかったが、少なくとも日本の現状を見るなかで、建設、機械、電気、銀行、製造業など、リストラ策以外に将来の展望はないに等しく思えていたので、ＩＴしかないと考えるのは普通のことだと思った。さまざまな情報が飛び交うなか、年末を迎えようとしていたが、世間はコンピュータの２０００年問題などでいろいろと囁かれ、いずれにしても年越しの株は利が乗っていればつくらないほうが得策だろうと考え、手じまいのタイミングを計っていた。

ソフトバンクも約一ヶ月保有したが、来年買い直しをすることにして手じまった。約一ヶ月の間大きく上がることなく、下がりが気になって苦虫を噛みつぶしていて、今度利が少しでも乗れば処分しようと思っていた。株価７００００円付近をウロウロする状態が続き、12月の20日が過ぎたので今年はこれくらいだろうと思って上げ出したのを見て売却したのである。アメリカ市場もクリスマス週間に入り、出来高も細るだろうし、模様眺めの展開になって日本市場も年末ということでそんなに動くことはないだろうと予想していたのである。

が、皮肉なことに来年もＩＴ主導と考えた投資家が多かったみたいで、少しでも安いうちに買っておこうという流れになり、我々のソフトバンク売却後、大晦日まで五営業日連続でストップ高で上げ続け、ソフトバンクは９７８００円の株価を付けて一年を終えたのであった。我々の落胆ぶりは書かなくてもおわかりいただけると思うが、売れば上がるのジンクス通り、それもまた強烈な形で現れたのであった。このような経緯は、ソフトバンク株に対して〝やられた〟という感覚と、すごい人気を持った株である、ということを我々に印象づけ、後々の売買に影響していった。

ソフトバンク（９９８４）１００株単位

12／22

売り　７１５００円　５００株　３５７５万円

＋２４５万円

（利益は確かにあったのだが）

光通信（9435）　100株単位

11／25　買い　1610000円　100株　1610万円

12／21　売り　1580000円　100株　1580万円

−30万円

光通信株は、現在の携帯電話の伸びとともに急成長してきた株であった。9月に東証一部に上場し、順調に株価を伸ばし続けていた。光通信もソフトバンクと同様に、IT関連株に積極的に投資を行い、収益を伸ばし、社長はネット界の寵児とも評され、ソフトバンクと二分するくらいの人気株の一つであった。買うタイミングが遅すぎたのか、押し目の段階の時期に合ったのか、買値より下がった状態で推移し、やっと戻ったところで損切りしたのであった。もう少し戻るところまでとも考えていたが、ソフトバンク株と同じ感覚を持っていたので処分に踏み切ったのである。

光通信株は売却後、ソフトバンクと同じように上げ始め、大納会には株価205000円の値を付けて一年を締めくくった。我々はソフトバンクで片方の頬を殴られ、もう片方の頬を光通信の株で殴られた恰好となってしまったのだった。このショックと悔恨の情は拭い去られることなく、影響し続けていった。

マスターネット（現ゼロ）（４６９７）　　１株単位

12／8	買い	１３２０万円	１株	１３２０万円
12／9	買い	１２８０万円	１株	１２８０万円
12／10	買い	１２４０万円	１株	１２４０万円
	取得平均	１２８０万円	３株	３８４０万円

マスターネットも、携帯電話の普及にともない、10円メールで業績を伸ばし、収益を増大させ、株価を一年で十倍以上に上げていた。ＩＴ関連株でここまで株価を上げていて、株式分割していなかった株はなかったので、必ず分割を打ってくると予想して買うことにした。

年末にかけてソフトバンク、光通信と同じように買値付近を行ったり来たりするだけで、目立った変化もなく大晦日を迎えた。分割を期待していたので売り払おうという気は起こらなかったが、他のＩＴ関連の株が年末にかけて上げていたにもかかわらず、この株は全く上げる気配さえ見せなかった。その一つの理由はメールの事業で他の会社が1円メールを開始したのが響いていたことと、ネット会社の乱立による競争の激化によるものだと考えていた。インターネット関連会社が増えすぎている現状で、そろそろ生き残りをかけて、離合集散が始まるのではないかと予想していた。マスターネットもどこか大手に吸収合併の話が持ち上がり、大化けするんじゃないかという勝手な期待をして年越しの株としたのであった。

ＡＴＬ（4663）　1株単位

12／8	買い	390万円	2株	780万円
12／9	買い	380万円	3株	1140万円
	取得平均	384万円	5株	1920万円
12／22	売り	375万円	5株	1875万円
				−45万円

（売買手数料を足して約100万円の損益）

ＡＴＬは、マスターネットと同じく店頭のＩＴ関連株で、ソフト開発を中心に事業を展開している会社であった。10月には515万円という最高値を付け、年末のＩＴ株の上げ気配に追随してもう一度高値を更新するのではないかと見られていて注目していた。二十人足らずの少人数で会社経営をやっていることも、経費削減がやかましく言われている現代の風潮にマッチしていると考え、買いに至ったのである。その予想に反して前に述べたＩＴ株と同様の値動きとなり、来年に対する不安が募り、損切りしたのであった。ＡＴＬも年末の上げを演出しないで終わったが、ＩＴ関連株が全て上がっていくという図式は、この一年で終わったような気がした。

日本オラクル（4716）　100株単位

11／15

買い	3890000円	100株	389万円
買い	3850000円	100株	385万円
買い	3950000円	200株	790万円
買い	4020000円	200株	804万円

取得平均約３９５００円　６００株　２３６８万円

日本オラクルは、アメリカオラクルの日本法人として設立され、データベースの管理ソフトでトップを走り、急成長してきた会社であった。アメリカの好景気を背景に日本でも急速に収益を上げ、一躍人気株の仲間入りをしてきていた。来年には店頭市場から東証一部に上場するという情報も流れ、大きく値を上げていた。企業の規模も他のＩＴ関連会社と比べると群を抜いていて、我々の好きな国際優良株といえる株であった。約十日連続上げ続け、今買わなければ買う時期を逸すると考え、高値にもかかわらず買いに出たのである。本来なら、高値に飛び乗るのは危険だと経験上二の足を踏むところであったが、他の有力なＩＴ株が五倍、十倍と上げているのと比べると日本オラクル株はせいぜい三倍程度だったので、まだ上がる余地があると判断したのである。

このように、いつも買う時、我々は情報やチャートや個々の思惑をもって判断を下すのであるが、〝買えば下がる〟というジンクスみたいなものに付きまとわれた。日本オラクルの株も買い付けた途端に見事に下げ始め、三日連続のストップ安となり、11月の最高値付近の買いになってしまっていた。12月の終わり近くまで買値より５０００〜６０００円安い水準で動いていたので（この水準というのは日本オラクルは６００株取得しているのでマイナス３００万〜４００万円）、年内に売りさばけるような損失ではなかったのである。来年に対する不安感は他の株と同様にあったが損切るにはあまりにも大きな額であったため、東証一部昇格のニュースもあるし、分割の期待もあるなどと理由をいっぱい付けて年越しの株としたのだった。

ところが、である。前述のソフトバンク、光通信での失敗が日本オラクルでは成功となったのである。ＩＴの大型株（ソフトバンク、光通信、松下通信など）が12月の最終週にみせた驚異ともいえる上げを日本オラクルも演出し、１９９９年の最高値４７５００円を大納会に付け、一年を締めくくったのである。我々にとって一条の光明といえるものであった。

二．半年間の収支と現状

株式売買に取り組んで約半年が過ぎ、区切りの年末となり、現時点での収支と保有株の状況を再確認して来年に備えることにしていた。現状は次の通りであった。

〈現在保有している株〉

リソー教育（４７１４）店頭　　１株単位
　１００株保有　買値　４４２０万円
　　　　　　　　現値　２０００万円
マスターネット（４６９７）店頭　　１株単位

3株保有　買値　3840万円
　　　　　現値　3720万円
日本オラクル（4716）店頭　100株単位
600株保有　買値　2368万円
　　　　　　現値　2850万円

〈口座現金〉　（売買手数料処理後金額）
ソフトバンク売却金　3400万円
光通信　1530万円
ATL　1820万円
　　　合計　6750万円

現金は12月の段階で8000万円であったが、資金を2000万円補充し、日本オラクル株の買いは別の口座（元金2500万円）で行った。
その結果、
　元金合計　1億2500万円
現金　6750万円

保有株（現値）　　　　８５７０万円
　総額　　　　　　１億５３２０万円
　　　　　　　　　　＋２８２０万円

保有株式の含み益、含み損を入れての結果であるが、約20％の利益を上げていた。上出来だと私自身は思ったが、1億円を2億円にするという不遜かつ無謀な考えで出発した我々にとっては少々色褪せたものに映った。

分割と上げ相場という時流に助けられた（損を出さずに済ませた）恰好になったが、うまく売買できていれば資金を倍にするのも夢ではなかったのにという思いが強かったのである。我々は本業において世の中の情勢は別として思い通りに進めてきたが、株の世界では我々の思い通りに進んだことは数えるほどしかなく、失敗の連続であった。それも失敗の上に失敗を重ねるといった精神的ダメージの大きい形で現れていた。

不特定多数の要素が相場を動かし、欲に絡む人の心を揺り動かしている。欲に絡む人の心理が相場を動かし、人の心を揺り動かしているのである。そしてそれが売買にあらわれ株価の揺れを生み出す。人心の揺れと株価の揺れが同じ波をつくってくれれば何も問題はないのだが、人心の揺れは半分は右、もう半分は左というように（もっと複雑であるが例として）どちらか強い一方向に揺れて株価の揺れをつくるのである。

だから、いつもなぜ上がるんだろうとか、どうして下がるんだろうと考えるのは無駄な努力と帰すのである。あまりにも不確定要素が多すぎるのである。ほんの少しの現実（業績や情報分析で得られる資料）と不確定要素の多い投資家の心理によって誰も知らない未知の領域である明日の株価は形成されるのである。どっちに転んでも不思議ではないのである。かといって、バクチ、ギャンブルのように瞬時においてオールorナッシングではなく、資金として含み益、含み損を抱えて残るのである。このことが投資家の心理を揺さぶり続ける素因となって、相場の変動以上に自分の心が動かされ、失敗の連鎖を生み出すのである。

我々は今、運良く利益を得ているが、この心理状態をどのようにコントロールすればよいか、全く出口が見えず、潜在的に意識はするものの答えは先送りするしかなかった。心はすでに来年の新段階、信用取引に目を向けていたのだった。

第7章
新たなる取り組み――信用取引へ
平成12年1月

　2000年問題が取り沙汰された年末年始であったが、予想通り大きな混乱もなく、コンピュータを中心とした社会が着実に整備され始めていることを実感させた。今年も引き続き、IT革命を旗印とし、日本の社会構造の変革と日本企業の再構築に向けて発進したように見えた。日経平均株価も順調に上昇の軌道を辿り、日本経済は不景気の底を打ったという向きが多くなってきていた。

　我々もこの気運に乗って、株での大儲けを画策していた。世の中の動向は確かに良い方向に行くにこしたことはないが、それよりも大事なことは、我々の株での勝利であり、世の中が悪い方向を指し示していても、利益を上げ続けるシステムを構築することだ、と考えていた。それほど本業での落ち込みは深刻で、立ち直りの兆候さえ見せない建設関連業界であった。株というマネーゲームで勝ち残らないかぎり、我々の将来はないと再確認したのであった。

大発会で株取引の一年がスタートし、我々も大きな期待をもって株取引に入っていった。初日の取引が終わってから、我々にとって幸先良いニュースが飛び込んできた。

それは、年越し株となったマスターネット株が、我々が期待していた株式分割を発表したのである。1：2の分割で、1株につき30万円の有償分割であったが、読みが的中したことに自信を深めた。これで保持していれば持ち株3株が6株となり、最低でも買値の倍は利益を得られると踏んでいた。トレンドマイクロやアクセスの分割の時と同じように想定していた。有償ということに引っかかりながらも、すでにどこまで騰がるのかという値踏みまでしていた。売るタイミングを何度となく失敗していたので目標売値の設定に躍起となっていたのである。まさに捕らぬ狸のなんとやらになっていたのである。

マスターネットはマーケットメイクの株で値幅制限がなく、時間内で売り買いがあるかぎり、上がり下がりをする。分割のニュースが流れた次の日は、予想通り大きく値を飛ばし、前日比でプラス500万円の1800万円（終値）の値を付けた。それも高値では1870万円という値もあり、我々を喜ばせた。買値平均1280万円で3株保有だったので、この時点で約1500万円の利益が出ていたのである（売ればの話だが）。しかし、その上がりには喜んだものの売る意志は全くなく（光通信、ソフトバンク株の後遺症か?·）、目標売値を分割を待たない時は2500万～3000万円の間と設定していた。明日からも上がり続けると信じていたのである。

が、市場は秋からの分割ブーム、ＩＴブームのように反応せず、一日だけの高値と終わり、我々の目標値に届くことなく、分割を迎えていった。「あれっ」という感じがしたのは後のＩＴ関連株の下落を予感させていたのか、また我々の市場の流れに対するズレだったのか、この時はわからなかった。

いずれにしても、銘柄一つ一つに性質というものがあり、同業種といってもその動きを比較したり、参考にしたりすることは非常に危険であることを認識したのである。どの株も同じ動きをしているようでしていない。時期を同じくし、同業種という条件でさえ、重なり合う時もあれば、もぐらたたきのゲームのようになったりするのである。〝利食い千人力〟と相場格言があるように利が乗れば、自分の手元に持ってくるということが肝要である。売った後に上がろうと下がろうと〝我関せず〟の姿勢を貫くことである。そのために多種多様の銘柄があると考え、心新たに次に進まなければならない。掴み取ったもののみが形となり、肉となって生きるのである。

マスターネット株においては、いろいろと反省させられ、大化けを期待して仕方なく春の分割を取りにいくことにした。

年明けの相場状況は、相変わらずＩＴ関連の株が引っ張る形で動いていたが、昨年末の異常な上げが急激すぎたのか、年末の高値を更新することなく、推移していた。

我々ももう一度買い直そうと考えていたが、ソフトバンク、光通信は、一段高い状態の株価になっていて買いにくいと思っていた。このまま下がっていくのかと思えば大きく反発し、このまま値を上げ続けるのかと思えば大きく下げ、タイミングを失っていた。〝買えば下がる〟というジンクスを過剰なまで意識していたのである。

1月の半ばまでそうした状況が続いていた。そんな時である。我々がオンライントレードをやり出して相手にしなくなっていた証券屋のMさんから一本の電話が入った。いつも頻繁に株の売り買いをしている我々が今年に入って滞っていたからだろうか、競合する証券屋に移られては困ると思ったのか定かではないが、あまりにも良いタイミングでかかってきたのである。

「株取引の経験も十分積まれておられますし、資金も充実しておられるので、そろそろ信用取引をされてはどうですか」という誘いの電話であった。

我々は去年から今の状態を変えるにはどうしたらよいかと考え倦ね、信用取引しかないのではないかと思っていたのである。しかし、信用取引をするには一年以上の株取引の経験がいるという規定があると本で読んで知っていたので、もう少し後からだと思っていた。それをMさんはOKを出すと言ってきたのである。

我々は、約半年間の取引で相場が上昇傾向にある時だけ利益が得られ、下降傾向にある時は損をするといった図式の上で売買を行ってきた。この図式では日本株が下向き傾向の時、株の売買を控えねばならないということになる。それでは資金を遊ばすことになるではないか。下げていても利益を生む方法を構築しなければ、通年をとおして株で利益は生まれてこないと思っていた。この思いを成就させてくれるのが信用取引のカラ売り（信用売り）であった。

カラ売りとは、簡単にいえば、普通売買の逆の売買のことである。株を買い、売る。これが普通の売買形態であるが、カラ売りは株を売り、買い戻す。つまり、株の下がりを取る手法なのである。言うのは簡単だが、なかなか理解しにくいものであった。我々の日常生活にある感覚が全て某かのものを買うという習慣から起因しているのかどうかわからないが、実践するまでピンとこないものである。

例えば、ここに２００円の株があるとしよう。この株が人気付いて上げ続け、４００円になったとする。しかし、この株のベースはどうみても２００円～２５０円であると考えればこれ以上上げることはないと判断し、４００円で売りに出す。実際には保有していない株を売りに出すのである。これをカラ売りと言い、下がりを待つ。それで、２００円まで運良く下がったとする（期間は六ヶ月間でその間であれば決済はいつでもよい）。２００円で買いを入れる。これを買い戻しと言い、400円から200円まで下がった分200円が利益になるという仕組みである。確かに手法は逆となるが、高く売って安く買うという株の利益の出し方は同じなのである。このカラ売りという方法が信用取引をする一番の目的であった。相場が下げ基調にあっても利益を生むことができるというわけである。それと我々のジンクスである買えば下がるに置き換えられるのではないかと期待したのである。実際には、改善されることなく、〝カラ売りすれば上がる〟、〝買い戻せば下がる〟といったジンクスが増えただけであったが……。

信用取引をやろうとしたもう一つの理由は資金面にあった。当初は、金を借りてまで（違う意味においては金を借りているのだが）株取引をするのは危険すぎるのではないかと考えていたが、ゼロ金利が継続中でもあり、大きな損失も今のところ被（こうむ）っていないということで信用取引に踏み切ったのである。

日本オラクルの株は別口座であったので、信用取引の資金の枠は現金と保有株式（現在評価額の八割）の三倍で約3億6000万円であった。大きな額に驚嘆しながらも、これだけ動かせたら利益は倍増間違いなしと思っていた。

こんなふうに考えていた我々だったので、Mさんの誘いに二つ返事で信用取引の手続きをしてくれるように頼んだのである。これが地獄への階段か天国への道標か予想のつくものではなかったが、サイは投げられたという感が強く、後戻りはできないと思った。信用取引にさまざまな思いが交錯するなか、2月からは信用取引ができる段取りが整ったのである。

1月は前述した通り、IT株の模様眺めが続き、これといった売買をしなかったが、年越し株の日本オラクルは年末の高値以降、買値を下回ることなく推移し、1月末にストップ高買い気配を四日連続演出し、そろそろ売却したほうが無難ではないかと思っていた。東証一部上場は確定しており、まだまだ上げるという観測はあったが、マスターネットの二の舞はごめんだという気持ちも強く、利食いすることにした。周りのIT関連株（ソフトバンク、光通信等）も上げ基調になりつつあった。

日本オラクル（4716）　100株単位

1／27

売り　5670０円　600株　3402万円

買値2368万円

+1034万円

ご覧の通り大きな利益を得たが、日本オラクルはその後も上げ続け、3月には10万円の大台にも乗って、いつも通り悔しく思ったが、〝我関せず〟の姿勢をとることが次への売買につながると考えていた。

他にもＦｓａｓなどの売買をしたが、以前の繰り返しとなり、損を重ねていた。ここでは参考にならないので省くことにする。なぜここにきて省くのかと思われる方がおられるだろうが、書くにたえないのである。頭では理解しているつもりでいるが、いざ実践となると自分でもあきれるほど同じ過ちを繰り返している。運良くという言葉がないかぎり、相場ではうまくいかないのかと思うくらいである。人間の心理、癖はそう簡単には変わらない、変えられないとつくづく思った1月であった。何はともあれ、信用取引という我々にとって未知の武器を持って、新たな展開を求めて2月へ突き進むしかなかった。

第8章 信用取引——カラ売りの実践

平成12年2月

年度末を間近に控え、ＩＴ関連株はますます堅調な動きを示し、根強い人気の高さをうかがわせていた。株価も加速力でも付いたように大きく伸ばし続けていた。少し変化した相場状況といえば、盛んに中低位株の見直しであるとか、オールドエコノミー株の復活などと雑誌、新聞などで大きく取り上げられるようになったことぐらいであった。リストラの効果も見え始め、業績が改善されつつあると一部のアナリストによって囁かれ始めたのである。今こそ、ＩＴ一辺倒の投資を見直し、中低位株の銘柄を物色し、株価が上がる前に投資すべきだと大々的に宣伝していた。

しかし我々は、また証券屋の手口であろうと思い、気にもかけていなかった。リストラ策で業績を伸ばしたところで不景気を脱し切れない現状の前では一時的なものでしかなく、いったん証券屋に踊らされて中低位株に人気が流れたとしても、やっぱりＩＴしかないと思って戻ってくると確信していた。そんな2月の始まりであった。

我々は信用取引のカラ売りという武器を得て、東証一部の信用取引できる銘柄を全てチェックし、極端に上げている銘柄を売りに出してやろうと計画していた。

日足チャートを全部検索してみると、機械受注が伸びているという情報と証券屋さんの中低位株の見直しというアドバルーンが効いたのか、軒並み上げ続けている銘柄が四十~五十あった。どうせすぐ落ちるんだから、かたっぱしから練習の意味も込めて売ってやろうということになった。株価も安いし、いくら売ったところで資金の枠ははみ出ることはないだろうという考えで、無謀とも思えるくらいの銘柄を一度に売りに出したのである。

信用取引はその時はまだ電話でしか注文できなかったので不便であった。我々の方は注目銘柄としてパソコンに入れ込み、時価をリアルタイムで見ていたので管理しやすかったが、Mさんの方は次から次へ注文を受け、てんてこまいのようであった。どの株もチャートでいえば、最安値圏での推移を長く続けていて急に出来高を増やし、急勾配の山をつけた株をカラ売りにかけたのである。カラ売りした銘柄は次の通りであった。

2/14~2/18　カラ売り

明乳	537円	1000株	537000円
第一パン	266円	1000株	266000円

呉羽化	256円	1000株	256000円
関電化	240円	1000株	240000円
住友べ	1126円	1000株	1126000円
KOA	2690円	1000株	2690000円
CKD	487円	1000株	487000円
アンリツ	1180円	1000株	1180000円
ミツミ	3700円	1000株	3700000円
池上通	428円	1000株	428000円
コロンビア	280円	1000株	280000円
クラリオン	880円	1000株	880000円
SMK	929円	1000株	929000円
東光	607円	1000株	607000円
航空電	488円	1000株	488000円
TOA	350円	1000株	350000円
スタンレー	640円	1000株	640000円
YUASA	268円	1000株	268000円

学研	３７０円	１０００株	３７００００円
ＴＯＫＡＩ	８６０円	１０００株	８６００００円
日通工	５７０円	１０００株	５７００００円
サンリオ	４５５０円	１０００株	４５５００００円
北陸薬	１１２５円	１０００株	１１２５０００円
第一薬	１４９５円	１０００株	１４９５０００円
大日薬	７６０円	１０００株	７６００００円
吉本興業	１７００円	１０００株	１７０００００円
東映	１２００円	１０００株	１２０００００円
松竹	７９５円	１０００株	７９５０００円
帝通工	３６０円	１０００株	３６００００円
アイワ	２２９０円	１０００株	２２９００００円
カシオ	１１４５円	１０００株	１１４５０００円
ＳＭＫ	９７４円	１０００株	９７４０００円
栗田工業	２２６５円	１０００株	２２６５０００円
ツガミ	４７０円	１０００株	４７００００円

キャノン販	１５８５円	１０００株	１５８５０００円
任天堂	２２７０円	１００株	２２７００００円
新神戸	６１０円	１０００株	６１００００円
新神戸	６５２円	１０００株	６５２０００円
東光	６４５円	１０００株	６４５０００円
キリンビバ	１５２６円	１０００株	１５２６０００円
サンケイビル	３４６円	１０００株	３４６０００円
東光	７２０円	１０００株	７２００００円
ソフトバンク	１５００００円	１００株	１５００万円

このように、約６０００万円近く、一度に売りに出したのである。一般投資家にはとても考えられないことを我々は試みたのである。一つ一つの銘柄の業績、業務内容、将来性などを一切無視し、チャートで不当な騰げ（我々が思っている）をしている銘柄をカラ売りしたのである。

今まで、株の上がりを期待して株価を眺めていたが、今回は下がりを待ち望んで株価情報を見るといった全く逆の感覚であった。思考を慣らすのに少々苦労したが、徐々にできるだけ高く売って安く買い戻すという形が頭に刷り込むことができるようになってきていた。

確かに理想的な形は頭で理解できるようになっていたが、現実は買いの時と同じでそうそううまくいくものではなかった。まして、約四十銘柄も売りにかけていたので、踏み上げられるもの、動かないもの、少し下がったもの、とまちまちの状況を呈していた。

踏み上げられた株は売りの平均を上げるために二度、三度と売りあがり、動かない株は静観し、利益は期待できないとみれば、手数料抜きで処分し、少し下がった株はまだまだ下がっていくとみて利益確定まで保持といった普通の手法で行っていた。違った点があるとすれば信用期間は六ヶ月となっているのに我々の売買は長くて一ヶ月。買いの時と同じく、イライラの売買でじっくり待つという行為自体に消極的で無能な人間がすることと規定し、自ずと短期売買となっていた。この形が売買を始めてずーっとネックになってきていたことは十分承知していたが、性格的に変えることはできなかったのである。トータル的に見てもこの性癖によって利益を少なからず失っていることは確かなことであった。しかし、この時点においてまだ利益を上げていたので、長期保有がよいのか短期売買がよいのか結論を出すに至らなかった。

結果的に見れば、この時期に売りに出した我々のカラ売り銘柄は、保持できていれば、日本の株価低迷にあやかってカラ売り銘柄の八割以上が下げて、大きな利益を得ることができていたのである。全ては結果論であるが、我々の今までの売買を統計的にみても長期的なスタンスも必要であると感じていた。

それにしても、カラ売りした中低位株の上げ下げはもともと安い株価であり、利益はほとんど出なかったが、我々にさほどダメージをもたらさなかった。

大きな問題を抱えることになったのが、カラ売り銘柄の最後に挙げたソフトバンク株のカラ売りだった。今思えば、この売買が1億円を失う起点となったと考えられるのである。

ソフトバンクはこの時15万円の株価を付けてなお、上げるかもしれないと思っていたにもかかわらず、売りに出したのである。

「Mさん、ソフトバンク、15万円で売りに出してくれ」と注文したところ、Mさんは、いつもなら「よけいなことをいうな」と言われているので「わかりました」と答えるのだが、この時だけは言わずにおけなかったのか、「本気ですか、IT関連株は今、上げに上げている時ですよ。無謀じゃないですか。本当にいいんですか」とくどいほど問いただしてきていた。

「そんなことは十分承知しているから、言われた通り売ってくれ。試しに売って見るんだ」というと、「本当にいいんですね。わかりました」と言って電話を切った。ほどなくして、Mさんから電話があり、「ソフトバンク15万円、100株（1500万円）信用売り約定しました」と連絡が入ったのである。

我々が上げ続けているIT関連株を売りに出したのは、確かに無謀なことだと感じながらも、去年の末に買っていたソフトバンクが約二倍の値を付け、いくら何でも上がりすぎではないだろうか、将来的にはもっと上がっていくのかもしれないが少し急すぎるのではないだろうかと思ったこと。それと、中低位株、オールドエコノミー株の見直しと叫ばれるなか、IT関連株の大幅な株価の伸びでネット長者が出現し、都内の一等地を買い高級外車を乗り回しているなどのゴシップが流れ出し、IT関連株へのバッシングが始まりつつあったからである。ここまでの予見が我々にはあったのだが、目の前の株価にとらわれ、大きな損失を生んでいったのである。

ソフトバンク株は次の日には169000円と値を上げ、一日にして190万円の含み損となり、我々を臆病にさせた。折しも、アメリカの証券会社の一つはソフトバンクの目標株価を24万円に設定し、もう一つは40万円に設定したというニュースが舞い込んできていた。本当か嘘か、アメリカさんの策略か、見抜く力も知恵も持ち合わせているはずもなく、ただただ、不安のどん底に喘ぐだけであった。やっぱりMさんの言うのが正しかったのかと思うのが関の山であった。

その次の日もソフトバンクは驚異的な上げを見せ、時価情報のワンクリックごとに値を伸ばした。我々は堪（たま）らなくなって185000円で100株（1850万円）現物で買い、これだけ高騰（あ）がるんなら、24万円の設定も真実味があると思い、15万円のカラ売りを助ける意味においても、もう一つ買いを入れようということで、今度は１８０００円で１００株（１８００万円）信用買いを入れ、これを取得したのである。この時すでに株価に踊らされ、パニック状態になっていたのである。ソフトバンクはワンクリックごとに値を伸ばし、20万円の手前の19万８０００円までいったところですさまじい利食いと売りにあい、昨日の終値16万９０００円まで下げて取引を終えた。そして、ソフトバンクは二度と最高値の19万８０００円を超えることはなかったのである。

我々はまたもや株価を追い、高い買い物をしてしまったのである。その後も踏み上げられる恐怖に勝てず、15万円のカラ売りは他株の売買の妨げになる（気になって冷静に判断できない）として18万円・１００株（１８００万円）で買い戻し、一週間で手数料込み３５０万円の損切りとなった。

これでソフトバンクの株は、現物で１８５０万円・１００株、信用買いで１８００万円・１００株、後にまだ下がったので１６５０万円で１００株（信用買い）、１５００万円で１００株（信用買い）、計４００株の買いの保有となった。もちろん、15万円まで下がった時は、やっぱり下がったじゃないかと悔しがっていたが、あとの祭りであった。

ソフトバンク　１００株単位

現物買い　１８５０００円　１８５０万円

信用買い　１８００００円　１８００万円
　　　　　１６５０００円　１６５０万円
　　　　　１５００００円　１５００万円

この時はまだＩＴ株がどんどん落ち込んでいくなどと夢にも思っていなかったので、信用取引の枠も十分あり、今まだ騰がりそうなＩＴ株を買っておこうと考えていたのである。

ソフトバンクに振り回された2月の取引であったが、他の株も少しだけ手を出していた。東京海上火災の株を2月初めに１００００株買い付けていたのである。１０５０円～１０７０円の間で１００００株買い、１１００円で処分したのだが、この株を買った理由はオールドエコノミーの株であり、日債銀（現あおぞら銀行）の受け皿となるソフトバンクグループの一つであったので、大化けを期待して様子を見守っていたのである。

受け皿のソフトバンク、オリックスはすでに上げており、東京海上も上げると見込んでいたが市場は反応せず、我々の空振りと終わってしまったのである。損はしなかったが、古い株数の多い株は少しくらいの良いニュースでは急激には動かないということを思い知らされた。このような中低位株で売買していれば損益は少なくてすんでいただろうが、そうもいかなくなってきていた。

第９章 情報通信関連株の暴落――追証の発生

平成12年3月

信用取引を始めて約半月が過ぎ、ソフトバンクのカラ売りで踏み上げられる恐怖を体験し、冷静な判断を下すことができなかったことを反省しながらも、ＩＴ関連株が引き続き、相場を牽引していくという見解に変わりなく、信用枠いっぱいＩＴ関連株に投資していくことに決めていたのである。しかし、ソフトバンクのカラ売りの失敗売買をしないために、まず土台の株を安値圏で買い、それを保険として高くなればカラ売りをかけていこうと考えていた。

その第一ターゲットとしたのが光通信株であった。光通信は年末に我々は16万円・１００株（１６００万円）で買い、年越しするのは危険として少しの損で処分していたのだが、２月15日には24万円を超える高値を付け、それ以後も高値付近（20万円を超えるレベル）で値動きし、ソフトバンク同様まだまだ上値を狙える株として注目されていた。そこで、我々も光通信でひと儲けしようと画策していたのである。少し下げたところで買いを入れ、必ずまた上がっていくだろうから25万円か、それ以上になったらカラ売りをかけてやろうという作戦であった。そして、2月29日に20万円の大台を切りそうになったので買いを入れたのである。今、押さえておかないとまた高値を買うことになってしまうという危惧から買いに走ったのである。

光通信（9435）　100株単位

現物買い　20900円　2090万円

これで、いつでもカラ売りを安心してかけられると満足していた。

もう一つ候補に挙げていたのが、CSK（9737）である。CSKは情報サービスの大手で、傘下にゲーム関連大手のセガ等を子会社に持ち、業績を伸ばし続け、一年で株価を約五倍に伸ばし、最高値で17000円台を付け、好調さを維持していた。2月は少し下げた水準13000円あたりに置かれていたが、これから戻し始めると見られていたので我々も小安いうちに買い付けることにしたのである。

CSK（9737）　100株単位

信用買い	13000円	1000株	1300万円
信用買い	13200円	100株	132万円
信用売り	13100円	100株	131万円

下がることはまずないと見ていたが、練習をかねて売り買い両方をしてみた。あまり意味がないと思ったが、売り買いの時間差を使って利益が出るか試してみようと考えたのである。

ＣＳＫを信用買いをしてから、Ｍさんに「まだ、信用枠は残っていますか」と尋ねた。しばらくして、Ｍさんからは「あと1億円ぐらいは大丈夫だと思いますよ」という返事がかえってきたのである。我々の取引が一度に増えたことで損益の計算や手数料の計算などでかなり煩雑になっているみたいで、概算での答えしかすぐにはできなかったようである。いい加減な返事だったが、我々の概算でもそれぐらいはあると考えていたので、まだ買い付けておくことはできると思い、ずっと前から狙いを付けていた松下通信も押さえておいて一気に利を得る作戦に出たのである。

松下通信（６７８１）　１０００株単位

信用買い　１８０００円　１８００万円

信用買い　１７２００円　１７２０万円

松下通信も今が押し目のチャンスと見て買いを入れた。最低でも2万円まで株価を戻すと考えていたのである。情報通信関連株は2月に高値を付け、3月初めは少々値を下げていたが、必ず値を戻してくると我々も思っていたし、新聞・雑誌、投資顧問の情報でも押し目の段階と分析していたのである。

ところが、である。3月は年度末で決算のところが多いのは誰でも知っていることで、我々はもちろんIT関連株は大体良い決算発表が出ると推測していたが、CSKは連結で赤字決算になることを発表し、子会社であるセガは大きく業績が悪化していて損失をCSKが埋めると大きく報道されたのである。市場はこれを受けて過剰反応を起こし、売り一辺倒となり、買い手が付かぬまま、ストップ安売り気配を続け、瞬く間に我々の買値の約半分7000円となってしまった。もうこの辺で下げ止まるだろうと思い、買いを入れたのだが、下げ基調は変わらなかったのである。この大きな下げはどこに起因しているのかよくわからなかったが、IT関連株は表面的には業績を伸ばしているように見えるが中身はどうも信用できないという投資家の心の底にあるものを揺さぶり始めたようであった。

CSK（9737）　100株単位

信用買い　6500円　1000株　650万円

このCSK株の大幅な下げが引き金となったかどうか確かではないが、IT関連株中心の相場環境が音を立てて崩れかけてきていた。今まで急激に騰げてきた反動は大きな下げの波となってIT株を飲み込もうとしていたのである。

悪材料の最初の狼煙（のろし）をあげたのは、光通信に対するバッシング記事であった。全国で広く購読されている雑誌にネット長者の錬金術、強引な商法、社長の生い立ち、生活などの暴露記事が掲載され、最悪の印象を相場全体に植え付けたのである。これだけで悪材料が出尽くしたというなら値を戻すということも考えられたのだが、追い打ちをかけるように次々と悪いニュースが飛び交い、立ち直りのきっかけさえ見えない状態に追いやられていった。携帯電話事業に携わる代理店の倒産、アメリカで上場した子会社の株操作におけるインサイダー疑惑、裏社会との関与、決算内容の不透明さ……など挙げればきりがないほど膿が噴出してきたのである。あげくの果てに社長逮捕のデマまで流され、相場史上例を見ない下げを続けるといった事態となった。この下げをまともに食らったのは我々で、下げの過程においても、いくら何でも下げすぎだとして戻す希望をもっていたのが大きなミスを呼び、損失を大きくすることになったのである。

そして、光通信の暴落は光通信だけの問題にとどまらず、ＩＴ関連株全体に波及し、主要ＩＴ関連株の暴落を演出していったのである。

なぜ、光通信だけにとどまらなかったか――最初は理解できなかったが、単なるＩＴ関連株に対する不信感だけではないことは確かであった。ここに信用取引の怖さが隠されていたのである。

我々が知らないだけであったが、信用取引をするには委託保証金を証券会社に差し入れてそれを担保に二倍もしくは三倍の取引をすることができるのである。委託保証金は現金と代用有価証券で形成され、現金の評価は変わらないのは当たり前だが、代用有価証券（保有株式）は時価によって変化する。そしてまた、信用取引をしている多くの投資家は、担保として現金は少しにしてほとんどが代用有価証券を入れているのである。つまり、担保株の評価額が下がると、委託保証金の額が大きく変わってくるのである。

ここ一年の間、相場はＩＴ株中心の動きに終始していて、ＩＴ関連株を主体として投資を続けている投資家たちは、担保の株もＩＴ関連株で、その株が評価を大きく下げると委託保証金の不足を招くこととなる。信用の枠で買ったり、売ったりしている投資家たちは委託保証金の追加を余儀なくされ、不足の現金を入れるか、信用で立てている株を処分して委託保証金率を維持しなければならない。

これを追証（おいしょう）といい、損切りであろうと、なんであろうと手じまいしなければならない。このような状況をＩＴ関連株のなかでつくられてしまい、我々も巻き込まれて、否応なく、建て玉を処理していくことになったのである。

Ｎ證券の委託保証金率は30％で20％を切ると追加担保を差し入れなければならない。我々はまさしく崖っぷちに立たされたのであった。

委託保証金率（％）＝委託保証金（現金＋代用有価証券）－評価損－諸経費÷信用取引の

建て玉総額

この式に毎日数字をほおり込んで維持できる体制をとらざるを得なくなったのである。

ここで、ＩＴ株全体が本格的に下げ始めた3月10日時点の、我々の保有株式を整理しておくと、

〈カラ売り（信用売り）建て玉〉

総額　4500万円

ソフトバンク　100株単位

現物買い

2／15　1850000円　1850万円

信用買い

2／15　1800000円　1800万円

2／22　1650000円　1650万円

3／2　1500000円　1500万円

3／7　1350000円　1350万円

光通信　100株単位

現物買い

2／29　2090000円　2090万円

信用買い

3／3　1780000円　1780万円

3／7　1350000円　1350万円

CSK　1000株単位

信用買い

2／28　1300000円　1000株　1300万円

3／9　650000円　1000株　650万円

松下通信　1000株単位

信用買い

3／2　1800000円　1800万円

3／9　1720000円　1720万円

マスターネット　1株単位

3／9　現在値6000万円　3株　1800万円

リソー教育　売却　2000万円

〈現金〉　２３００万円

以上のような状況であった。信用建て玉が、約１億５０００万円で評価損と諸経費を引いた委託保証金のベースは約５５００万円となっており、これ以上の評価損が出れば、委託保証金率が30％を切るところまできていた。２月の後半で１億円近くあった委託保証金を、わずか10日で約半分まで失っていたのである。ＩＴ株一辺倒の投資が裏目に出た結果となり、総崩れの状態に陥ったのである。ご覧のように、値がさ株中心の投資であったため、損切りするにも躊躇するぐらいの額となっていた。しかし、このままでは追証は免れないと思えたので、信用建て玉を処分して信用取引を縮小するしか方法は残されていなかったのである。

このときまだＩＴ株の反発を信じていたのでＩＴ関連株はこのままにしておいて損失の少ないカラ売り銘柄を最初に処分していくことにした。ＩＴ関連株が下げている反面、我々がカラ売りした中低位株は上げ出していて、踏み上げられたカラ売り銘柄が多く、ここでも我々は利益を出せた銘柄はほとんどなく、損切りしていくしかなかったのである。信用売り（カラ売り）建て玉約４５００万円を損の少ない順に二日間で全て処分したのである。その結果、売買手数料１００万円、損失約３００万円、計４００万円の損切りとなった。これで、一時的に維持率（委託保証金率）は50％前後まで回復したのだが、ＩＴ関連株の下げは止まらず、含み損を増やしていったのである。このままでは全てを失うのではないかという危機感が募り出したので、身軽にするためにも、損失の少ない松下通信の２０００株を１株１５５００円で損切りし、また、悪材料が噴出し投資家に見放された光通信株はまず立ち直れないと見て損切りすることにしたのである。

松下通信　１０００株単位

信用買い	取得平均　１７６０万円　２０００株		３５２０万円
売り建て	１５５０万円　２０００株	３１００万円	－４２０万円

光通信　１００株単位

現物買い	２０９０００円	２０９０万円	
現物売り	１２５０００円	１２５０万円	－８４０万円
信用買い	１７００００円	１７００万円	
売り建て	１１７０００円	１１７０万円	－５３０万円

怒濤の損切りを行った結果、信用建て玉はソフトバンクとＣＳＫの８２５０万円に減ったが、損切りによる売却損が大きく、委託保証金も約３４００万円となり、維持率40％がやっとの状態であった。

これ以上の損切りは委託保証金をなくすことになり、取引ができなくなるので、ソフトバンクは必ず戻すと見て、保持することにしていた。しかし、ＩＴ関連株の相場は好転せず、光通信へのバッシングは続き、10万円の大台を切る時もなんの抵抗線ともならず、下げ続けた。我々は光通信に将来はないと決論づけ、建て玉を増やすのは危険であったが、思い切って３月29日の７３８００円（７３８万円）でカラ売りをかけ、悪夢と言うしかない３月の取引を終えたのである。もうソフトバンクの反転を願うしか道はなかった。

第10章 IT株続落——必死の攻防戦

平成12年4月

年度代わりの4月となり、我々にとって少しは相場環境も良くなるだろうと期待して臨んだが、一向に先が見えない株取引に終始する状態が続いていた。3月の悪夢は夢でも何でもなく、現実として4月に引き継がれた形となって表れ、我々の資金を食い尽くしていったのである。

我々の最後の砦となったソフトバンクは、10万円の大台を切る時は少しの抵抗線とした値動きを繰り返していたが、ストップ安かストップ高といった荒い値動きとなり、戻すかこのまま下がっていくのか判断のしにくい状況であった。しかし、ソフトバンクに一縷の望みをかけている我々にとって、もうそろそろ戻すんではないだろうか、という希望的観測が心にあり、9万円台になった時、買いを入れたのである。

ソフトバンク

信用買い　９１５００円　１００株　９１５万円

この買いで反転してくれることを期待していたが、またしても裏切られ下げ続けたのである。「どうしてここまで下げるのだろうか」と思い悩んでも仕方なかったが、ＩＴ関連株を中心とした信用取引のバランスが崩れ、投げ売られているという状況であった。ソフトバンクだけでなく、ＩＴ株全体に波及し、大幅な下げを演出していったのである。

ソフトバンクがこの下げの大きな要因であることはいうまでもないが、ＩＴ株にとってまぎれもない悪役となっていたのが光通信であった。ソフトバンクは光通信と連動して下げているといわれ、光通信の悪影響をもろに食らっているとまで思われていた。光通信の悪材料は尽きることなく、代理店のたび重なる倒産、上場した子会社株の暴落、社長退陣の噂、黒い交際、会社の倒産説など次々と流出し、行き場がなくなっているという状態となってしまっていた。

株式市場は光通信を完全に見放した恰好となり、株価が７８８００円になったのを最後に約一ヶ月ストップ安売り気配を続け、ほとんど買いがない状態で推移し、あっという間に１８００円まで下げたのである。この連続の下げは株式史上始まって以来の出来事となったのである。下げの途中から、光通信に対する我々の見解は正しく、カラ売りは唯一成功を見ていた。光通信の下げは、我々の思惑通りで利益が毎日増えていくのを喜んではいたが、我々の保有するIT株、ソフトバンク、CSK、マスターネットも同じように下げ続けていたので、光通信で得る含み益は〝焼け石に水〟の状態であった。

4月12日現在の取引を整理すると、

マスターネット　3株（分割で6株となる）
　4／3　1株3370万円で売却
　　6株　2220万円（買値3840万円）

ソフトバンク　4／12終値　7500円
　現物買値　18500円　100株　1850万円
　信用買い　18000円　100株　1800万円
　　　　　　16500円　100株　1650万円
　　　　　　15000円　100株　1500万円
　　　　　　13500円　100株　1350万円
　　　　　　9150円　100株　915万円

CSK　4／12終値　4550円
　信用買い　13000円　1000株　1300万円
　　　　　　6500円　1000株　650万円

光通信　４／12終値　３９８００円
信用売り　７３８００円　１００株　７３８万円
ソフトバンク信用買い評価損総額
－３４６５万円
ＣＳＫ信用買い評価損総額
－１０４０万円
光通信信用売り評価益総額
＋３４０万円
４／12現在現金　６１５０万円
委託保証金（現金＋代用有価証券）
６１５０万円＋ソフトバンク現物７５０万円
＝６９００万円－評価損４１６５万円
＝２７３５万円÷建て玉総額９９０３万円
＝委託保証金率27・６％

このような状況であった。マスターネットの大化けに期待して分割後も保有していたが、

ＩＴ株総崩れのなか、この株も例外ではなく下げる一方で、委託保証金を守るために売却に踏み切ったのである。それでもなお委託保証金率は30％に届かず、建て玉を処理するか、現金を追加するかという選択に迫られていたのである。

含み損は建て玉を切らなければ含み損のままで現金は減らないが、評価損として残り、上げてくれなければ追証となって跳ね返ってくる。かといって下げ基調にある相場を考えれば、現金を追加するのは馬鹿げているし、ここは現金を捨てて健全な信用取引の形に近づけるために、戻りがまず期待できないＣＳＫを処分して建て玉を少しでも減らし、委託保証金率を30％以上にもっていこうと決断し、ＣＳＫの高い方を処分したのである。

ＣＳＫ

信用買い	１３０００円	１０００株	１３００万円
４／13			
売り建て	４４５０円	１０００株	４４５万円
			−９５５万円

この結果、建て玉総額が８６０３万円、評価損を引いた金額は２７３５万円となったが、委託保証金率は31・８％と少し改善され、一時的にしのげたのである。

これでソフトバンクがいくらか戻ってくれればなんとかなるんだけどと思っていたところ、

大きなニュースが飛び込んできた。それはソフトバンク1：3の株式分割というニュースであった。我々は「やったあ」と歓喜の声を上げ、これで助かったと思ったのである。分割に対する我々のイメージは去年のアクセスやトレンドマイクロで利益を得た時のものであり、ソフトバンクを最後まで保有していて正解だったという感を強くした。暴落のトンネルを抜けるのは近いとさえ思ったのである。

分割を発表したのは4月13日でその時の株価は７５０００円であったが、ソフトバンク自体も早く株価低迷に歯止めをかけたいと願ったのか、権利落ちの日まで十日の4月25日と設定されていた。我々はその短い期間にソフトバンクはストップ高で騰げ続け、10万円くらいに戻して分割を迎えるという予想を立てて、次の展開を考えていたのである。一抹の不安要素といえば、現物株の分割は経験していてわかっているが、信用買いしている株の分割はどういう状況になるのかはっきりわからないということであった。このことは明日Mさんに説明してもらうことにして、久しぶりに好感触をもって次の日に臨むことができたのである。

しかしながら、相場は我々の思うようには動いてくれなかったのである。ソフトバンクの上げを楽しみにしながら時価情報の画面に朝から釘づけとなって注目していたが、なんと予想に反して売りが殺到していたのである。ストップ高どころか、ストップ安付近まで売り込まれ、引けたのである。なにかの間違いではないかと我が目を疑ったが、現実そのものであった。分割でこんなに下げるのはソフトバンクになにかあったのだろうかとさえ思ったのである。

とにかく、どういうことで下げたのかMさんに聞いてみようと電話をすると、証券会社もソフトバンクの分割についての問い合わせが多いらしく、てんてこまいしているようだった。やっとMさんにつながって聞いてみると、次のような答えが返ってきたのである。

「ソフトバンクが分割発表で通常なら好材料として上げるところ、下げに拍車がかかった原因は1：3の大型分割でソフトバンクの株を担保に信用取引をしている投資家たちにとって新株が出るまでの間（約五十日）、担保評価額も三分の一となる。IT関連株の暴落で大きい損を抱えている状況のなか、委託保証金が三分の一になることは即、追証ということになり、担保評価額を守るためには今売っておかなければ動きがとれないとみた投資家が売り込んでいるんです。もともと分割は、業績が好調で株価が上がっている時にするものなのでこのようなことは起こらないのですが、IT株の暴落のなかでの分割なので需給バランスが壊れ、下げていると思います」

という返事であった。〝なるほど〟と納得したのであるが、我々の株式市場に対する甘さを露呈しただけであった。それと、IT株暴落で我々以上に切羽つまっている投資家がたくさんいることに驚いたのである。こんな馬鹿な投資をしているのは我々だけかと思っていたのだがMさんに聞いてみると、この暴落でもうすでに二度と株のできなくなった人がたくさん出ており、我々のように首の皮一枚つながっているといった（追証と背中合わせの）人がいっぱいいいて市場から悲鳴が聞こえてきますよ、ということだった。暴落だけ気をつけていれば、資金（財産）を失わなくてすむと考えて株取引に踏み出した我々だったが、皮肉なことに、今その真っ只中にいるとは思いも寄らぬことであった。

昨日の安堵感は見事に打ち砕かれ、現実を打開するために、損切りしていくほかなかったのである。最低でも株取引が継続できる状態を残すために処理していこうと決めたのである。

ソフトバンクは分割発表以後、委託保証金確保のために動いた投資家によって五日連続のストップ安売り気配となり、買い手が付かず、売るに売れない状態が続き、含み損を膨らませていった。４月19日には４６０００円の株価になっていたので、我々は仕方なくＣＳＫの建て玉を損切りして少しでも状態を良くするしかなかった。それでも30％の委託保証金率を維持することは困難となり、まさかの保険としてとっておいた別口座の資金を導入するしかなかった。

別口座の資金とは、日本オラクル株の投資の時に使った資金で、日本オラクル株売却益と併せて３４００万円残していた。危機管理として残していたが、こんな形で使うことになるとは予想もしなかったのである。とりあえず、追証を避けるために２０００万円差し入れ、しのがなければならなかった。

ソフトバンク　4／19終値　46300円

ソフトバンク信用買い評価損総額

−4900万円

CSK

4／13

信用買い　6500円　1000株　650万円

売り建て　4200円　1000株　420万円

−230万円

光通信

4／19　3680円　100株　368万円

信用売り　7380円　100株　738万円

+370万円

委託保証金（現金+代用有価証券）

5195万円+ソフトバンク現物463万円

＝５６５８万円－評価損４９００万円＋２３０万円－３７０万円（４７６０万円）
＝８９８万円÷建て玉総額７９３４万円
＝11・３％
＋現金２０００万円
＝２８９８万円÷建て玉総額７９３４万円
＝36・５％

２０００万円を差し入れたことで30％の委託保証金率を確保できたのだが、ソフトバンクが下げ止まらなければ我々に将来はなく、反転することをひたすら待つしかなかった。これだけ下げたソフトバンクであったが、保有していれば時間がかかるとしても必ず戻してくれると見ていたので、ここは我慢のしどころと考えていたのである。権利落ちの日まで四日となった４月20日もソフトバンクはストップ安の４３３００円まで売り込まれ、やっぱり駄目かと肩を落として追証の心配をしていたが、底値と見たのか安いと見たのかわからないが大量の買いが入った。瞬く間に値を戻し、その日のストップ高（４９３００円）まで買い進められ、そのまま売り気配で引けたのである。

新聞でも乱高下の末ソフトバンクの下げ止まりの感が市場に広まると評され、分割の権利を得るために買いが殺到し、権利落ちの日までストップ高買い気配で引け、株価を５７３０

0円として1：3の分割を迎えたのである。

我々はソフトバンクの反転で改めてソフトバンクの人気の高さを再確認し、この株に託すことにした。そしてまた、委託保証金率も約47％と改善されたが、分割後を想定し、手を打たねばならなかったのである。なぜなら、値を戻したとはいえ、依然とソフトバンクの含み損は現物株を入れて約5000万円以上あり、分割されれば、信用買いのソフトバンクの株は現物株と違って分割の対象とはならず、100株そのままで建て玉は三分の一に減るが含み損はそのまま残る。ソフトバンクが上がっても、信用の株では、三分の一の含み損が減るだけで今まで被った損を取り返すにはかなりの時間を費やすことになるのではないかと考えたからである。

そこで我々は、信用取引にある現物引き替え（現引き）の制度を利用して、分割の権利を取りにいくことにしたのである。もちろん、現在のソフトバンクの場合、現引きするということは含み損が実損と変わり、現金を大きく減らすことになるが、ここはソフトバンクの株を増やし、一気に損を取り返そうと思ったのである。

4／24　ソフトバンク　終値　57300円
権利落ちのタイムリミットの日に信用買いのソフトバンクを現引きし、現金不足を補うために、そしてもうそろそろ反転するのではという不安からカラ売りしていた光通信株を買い戻したのである。その結果、ソフトバンクの現物株のみの投資となったのである。

4／24

ソフトバンク　100株単位

現物買い	1850000円	100株	1850万円
信用買い	1800000円	100株	1800万円
	1650000円	100株	1650万円
	1500000円	100株	1500万円
	1350000円	100株	1350万円
	915000円	100株	915万円

光通信

4／24現在	198000円	100株	198万円
カラ売り	738000円	100株	738万円
買い建て	198000円	100株	198万円
			＋540万円

ソフトバンク　信用買いの株を現引き

4／24現在	573000円	100株	573万円

現引き　ソフトバンク　500株

損益　−1227万円
−1077万円
−927万円
−777万円
−342万円
合計　−4350万円

光通信売却分　+540万円

現金　6965万円
合計　+7505万円

現金−現引き損切り分　+3155万円

売買手数料　約　−150万円

委託保証金　現金　3005万円

保有株　ソフトバンク現物　600株

この現状を顧みれば、別口座から2000万円を補充したことが功を奏したことを物語っていた。もし、あの時点（維持率11％の時）で資金がなければ信用の建て玉（ソフトバンク）を否応なく処分させられ、損切り分を現金から引かれて、現金も株も失っていたところであった。資金を補充できたことで時間をかせぐことができ、最悪の状況から抜け出し、大きく現金を減らしたものの、ソフトバンク６００株と現金３０００万円を残すことができたのである。まさに首の皮一枚でつながったという印象が強かった。

ソフトバンクは５７３００円の株価で１：３の分割となり、１９１００円で始まり、株安感もともなって我々の予想通りストップ高買い気配を続け、２６６００円の株価で4月の取引を終えたのである。我々はソフトバンクにまたぞろ10万円を超える株価を期待しながら、今回のような状態に陥らない株取引の方法を見いださなければ明日はないという思いでいっぱいであった。

最終章 失われた1億円

平成12年5月〜6月

株式市場に足を踏み入れてから、はや一年が過ぎようとしていたが、株で資金を増やし、本業以外の新たな事業展開をするといった当初の目標はどこかに置き忘れた恰好となり、つぎ込んだ資金をいかにして取り戻すかというのが当面の目標にすり替わっていた。3月と4月のＩＴ関連株の暴落で事実上ネットバブルといわれたものがはじけ、ネット株で最高値を付けたほとんどの株は半値以下に下げ、ＩＴ株主導の相場は終わったという感があった。

確かに、中低位株、オールドエコノミー株などが見直され、最高値更新といった株が多く、人気がＩＴ株からこれらの株に移行しつつあるのは事実であった。しかし一方で、ＩＴ株暴落の一因を担ったソフトバンクが分割を経て下げ止まったと見る向きもあり、ＩＴ株全体に好影響となって買い安心感が広がりつつあったのも事実であった。

我々は、ＩＴ株一辺倒の投資で大きな損を出したことと、同一株で信用買いを重ね含み損を倍増させたこと、そして信用枠いっぱいを使っての売買で追証となったことなど、反省材料が山積みの状態で5月の連休を迎えていたのである。まず、何から改善しなければならないかと考えた時、大儲けしようという意識を捨てて、少なくても確実に利益を得られる売買を心がけることであった。言葉でいうのは簡単なことであるが、いざ実践となるとなかなかできるものではないので売買ルール（我々だけの）を作成して売買に当たろうと決めたのである。その売買ルールとは、

一・損切りを確実に行うこと。これは、今までの取引で損を拡大した原因の一つで、株を買う時は誰しも上がると予想して買っているのだから、買って下がるということはその時点で予想は外れているので損切りをするということである。また、カラ売りした時も同様で、踏み上げられるということはそのカラ売り自体がミスとなるので損切りするということである。どのくらい下げられたらとか上げられたらとか銘柄によって差異は生じるかもしれないが、これを基本としていたずらに含み損を増やさぬことを旨としたものである。

二・信用枠いっぱいの売買の禁止。多くても信用枠の三分の一にとどめること。こうすれば資金の範囲内の売買となって、追証という事態も避けることができ、精神的に余裕をもって売買に臨めるからである。これでは信用取引の意味がないという人がいるかもしれ

ないが、信用取引の武器はカラ売りであって信用買いではないのである。資金の三倍を使わせて売買手数料をより多く投資家から引き出す証券屋の集金システムの一つとして信用取引があると考えるべきではないだろうか。

三・利食いを一番に考えること。最低の利を手数料抜きと考え、下がるまたは上がるとみた時は即座に処分し、利を確保することである。まずは利が少なくても利を重ねるという行為を大切にすることである。そして、何度となく自分自身に言い聞かせていることだが、処分後の株の上がり下がりに未練を残さないことである。

四・ソフトバンクの株に関しては今まで振り回され続けているので、新株が出てくる6月23日まで様子を見ながらではあるが、売買は控えることと決めたのである。ソフトバンクの売買はことごとく裏目に出ていたので、冷静に観察する意味においても冷却期間として売買停止としたのである。

以上のようなことを我々なりに決めたのであるが、株取引の現場に入り込むと、決めたルールを守り、遂行するのは容易ではなかった。なぜなら、相場と相対している時、我々なりのルールはケースバイケースという一言で簡単に打ち砕かれてしまっていたからである。それによって知らず知らずにルールは意味を持たなくなり、自分勝手に変更して資金を失いかけて気づき、修正するが手遅れとなって大損を食らうという図式となって表れたのである。

5月に入っての株取引は、ソフトバンクの上昇を横目で見ながら、底値に近い株を物色し、長くても一週間といった短期間の売買になっていったのである。株を持っていること自体がリスクであり、損を大きくする根元であるというデイトレーダー的な考え方から、また、少なくても利を重ねるという我々のルールに則って自然と超短期の売買へと変わりつつあった。大金を失ってからの我々は、今までそれほど気にしなかった売買手数料も短期の売買となるとこれも大きな要素となると思った。N証券から売買手数料の値下げを宣伝文句にしているオンライントレード専門のM証券にくら替えし、手数料が少しでも安くなるように努めていた。500円～600円の中低位株を2000、3000株程度買いを入れ、手数料を抜いて1、2万円の利が乗れば売りに出し、次の売買に移るといった形でやっていたのである。もちろんルール通り、上がらなければ少ない損のうちに損切りしていたが、順調に利を重ねることができた。利益は30万円程度であったが約十日前後勝ち続けたのである。利益は少しだが大きな失敗はなく、やればできるものだと思いつつ、心の中では、こんな少ない利益ならいつでも誰でも得ることはできるとイライラした気持ちがもたげ始めていたのである。

そんな時であった。横目で見ていたはずのソフトバンクが目の前にちらつき出したのである。ソフトバンクは5月の初めまで連騰し高値の29670円を付け、我々は分割までに5万円は超えると予想していたが、利食いかIT株に対する不信感がまだ続いていたのか、下げ始めたのである。我々は単なる押し目の下げととらえていたが、分割直後の株価まで下げてきた。ソフトバンクは我々の売買を狂わすと思って、ルールの中でソフトバンクは落ち着くまで売買停止と決めていたのだが、細かい売買で勝ち続けて自信を得たのと、値動きが荒いソフトバンクに魅力を感じていたのである。

少ない利益を積み重ねる作業にすでに嫌気がさし、目に見えて改善されない資金状況にいらだちをおぼえて、大きく儲けようとする心が首をもたげ、値動きの荒いソフトバンクを自然と選ばせていたのである。この時点において取り決めた我々なりの売買ルールは有名無実のものとなり、ソフトバンクで利益を得られないなら株をやっている意味がないとまで言い切る始末であった。これまで何度となくソフトバンクで苦渋を舐めてきた我々であったが、今度こそという気持ちも強く、少しずつではあるが株売買において成長しているから前のような失敗はしないという意見に押し切られる形になったのである。

それと、ソフトバンクの好材料としてソフトバンクを中心とするナスダック市場が6月後半に始められるということであった。これに向けてソフトバンクは上昇カーブを描くと妄信していたのである。この思い込みが今のうちにソフトバンク株を増やして取り戻そうという意識を生み、信用買いを重ねる結果となった。前回の失敗で懲りたはずが写し絵のように繰り返されていったのである。

ソフトバンク	5/17 信用買い	22100円	200株	442万円
	5/18 信用買い	20200円	200株	404万円
	5/18 信用買い	18500円	200株	370万円
	5/21 信用買い	16500円	200株	330万円
	5/22 信用買い	15400円	200株	308万円
	5/23 信用売り	14500円	200株	290万円
	5/24 信用売り	16000円	200株	320万円
100株単位	5/25 信用売り			

信用売り　１８０００円　２００株　３６０万円

この売買結果を見てもわかるように、戻すと見ての買いを入れ、予想が外れ下げられて、このまま下がるのではないかと見てカラ売りをするが踏み上げられる、といった展開となっていた。まさしく翻弄されていたのである。誰が見ても売値が安く、買値が高いというのはおかしいと思うはずである。しかし、そのおかしな現状に陥ってしまった。やっぱりソフトバンクの値動きは我々の売買を狂わすのかという思いと3月、４月の失敗が脳裏をよぎり、正常な状態に戻すために信用買いの損の大きい４００株だけ残し、残りの信用買いとカラ売りを損切り、出直しを図ろうとしたのである。ここで損の大きい４００株を損切りせず残したのはカラ売りで踏み上げられ、騰がりを期待できると考えて損が少しになるまで待つことにしたのである。とにかく、カラ売りした値が下にあるという状態をなくしたかった。

５／28　ソフトバンク

買い戻し　１８２００円　８００株　１４５６万円

カラ売り値平均　１５９７５円　１２７８万円

−１７８万円

売り戻し（売り建て）

１８２００円　４００株　７２８万円

信用買い値平均　１７５００円
　　　　　　　　　　７００万円
　　　　　　　　　＋２８万円
　　　　　計　－１５０万円

信用買いによる含み損１２０万円、損切り分１５０万円とし、またもやソフトバンク株で振り回されたことで様子見の状態に戻らざるを得なかったのである。

売買をしていたのはソフトバンクだけではなかったが、情報通信株の切り返しを信じていた我々は相も変わらずＩＴ関連株へ投資を続行していて、トランスコスモス、日本テレコムなどでも、ソフトバンク同様にとんちんかんな売買を繰り返し、損を膨らませていた。細かい売買では利が得られても、利に欲を乗せた時は必ずといってよいほど確実に裏目に出て、プラスになる売買は皆無という状態が続いていたのである。取り戻そうと思えば思うほど含み損を増やし、損切りによって現金を減らし、３０００万円あった現金は5月の後半には２０００万円となり、ＩＴ株暴落で受けた損失とは異なる形で損を重ね、株取引に対する甘さを痛感させられたのである。この前の損失は暴落という言葉で片づけられたが、今回の損失の原因は外的なものに逃げ込むことも許されず、あくまでも内的な要素のみが作用して損を出したからであった。

このような悪循環を断ち切れないまま6月の声を聞き、株取引を始めて約一年過ぎたことを思いながら、惨憺たる現状に直面せざるを得なかったのである。失われた大きな資金と残された現物株のソフトバンク株600株、現金残約2000万円、これが今の現実であった。一年前に描いた株取引での成功の図とはほど遠いものとなってしまっていたのである。

しかし、全てを失ったわけではなく、ソフトバンクの反転さえあれば、時間がかかるかもしれないが資金を取り返すことができると望みを捨ててはいなかった。ソフトバンクの現物株は600株であるが、分割で6月の後半には新株が出回り、三倍の1800株の現物株所有となり、ソフトバンクの上げしだいで我々の資金状況も大きく改善されることになるからであった。それに付け加えて、ソフトバンクが主催となる日本版ナスダック市場がソフトバンクの新株が出回る時期と同じくして始められるという我々が思うところの好材料になると観て、ここが勝負時と勝手に決めていたのである。

我々は6月の前半はソフトバンク以外の株でお茶を濁しながら、ソフトバンクの動向を注視し、6月23日の新株の出回りと日本版ナスダック開場の時を待っていた。ナスダックが順調に動き出せば、ソフトバンクは必ず、上昇カーブを描き、再び高い株価を演出してくれるはずだと思い込んでいたのである。ここでソフトバンク株を買えるだけ買って一気に取り戻そうと危険な方向に走り始めたのである。もう誰にも止めることはできなかった。自分自身が描く良い絵柄のみの世界に入り込み、資金的に、精神的に追い込まれるまで、その世界から抜け出せないのである。そのことに気づき、感じながらも、人間というのは我見を捨てられない。そして、信用買いを重ねることをタブーとしながらも、ソフトバンクの反転を疑わず、買い下がりを何度となく続ける結果となってみるみるうちに崖っぷちに立たされ、含み損がかさみ、損切りを余儀なくされ、大きな間違いを憂いてもあとの祭りとなってしまったのである。

その経過をここに記すが、なんて馬鹿なことをしてしまったのかと今から思い出しても赤面するくらいである。幾度となく同じ過ちを繰り返し、資金は枯渇していったのである。

6／23	ソフトバンク			
	信用買い	17000円	300株	510万円
6／26	信用買い	16000円	500株	800万円
		15500円	500株	775万円
6／27	信用買い	14500円	500株	725万円
		14300円	300株	429万円
7／2				

信用買い　1４1００円　5００株　7０5万円
7／3
信用買い　1３9００円　３００株　41７万円
7／4
信用買い　1３０００円　5００株　65０万円

5／17
信用買い　2２1００円　２００株　44２万円
5／18
信用買い　2０2００円　２００株　40４万円

悪夢を見ているような怒濤の買い下がりであった。出来高も増大し、もう切り返すだろうと思いつつ、買い下がった結果、このような状態に陥ったのだが、ソフトバンクは十日以上連続で値を下げ、市場観測では需給バランスの悪化で1万円の大台も切るという予想も囁かれ始めた。我々には、もうあとはなかった。無謀な買い下がりのため、含み損は膨れ上がり、委託保証金の一部である保有株ソフトバンクは当然のごとく評価損は大きく、二重に損を増大していったのである。

信用建て玉総額
ソフトバンク　３８００株　５８５７万円
　現金　２０００万円
　保有株ソフトバンク　１８００株
７／５　ソフトバンク　１０７００円

委託保証金２０００万円＋１９２６万円（１８００株×１０７００円）＝３９２６万円－
評価損（５８５７万円－３８００株×１０７００円）
＝３９２６万円－１７９１万円＝２１３５万円－売買手数料約１００万円＝２０３５万円
委託保証金率　２０３５万円÷５８５７万円
＝約35％

このように委託保証金率は追証と背中合わせの状態となり、信用買いの建て玉を処理していかなければ切り抜けられそうにもなかったのである。悪いことに現物株（委託保証金の一部）と信用買いの建て玉の株が同一の株で、株の世界で俗に言うところの〝二階建て〟の形となった。下がれば二重で評価損が増すことになり、一番やってはいけない形を知らず知らずにつくり出していたのである。

それでもなお、1万円の大台は抵抗線となり堅持すると思い込み、前回（3月のIT株の暴落時）の失敗を思い出し、追証になる前に早めに建て玉の処理に出て少なからず損を増やした経験から、今回は腹を決めて追証になってから処理しようとなかば顔色を失いながら最後の賭けに出たのである。

しかしながら、この最後の賭けも一日、二日の反転を見るものの、斜面を転げ落ちる石は誰にも止められず、抵抗線であるはずの1万円の大台をいとも簡単に突き破り、我々の一縷の望みを完璧に打ち砕いたのである。

ソフトバンクの株価は9000円から8000円の前半にまで落ち込み、委託保証金率20%もままならない状態となり、信用買いのソフトバンクの株（3800株、平均取得金額約1500円）を否応なく処分せざるを得なくなってしまったのである。株価は買値の約半分になり、建て玉は減少するが、損切り分は現金から引かれて現金はほとんど皆無の状態となった。それでも足りず、現物株のソフトバンク株も安値で売りさばき損切りに充てるといった最悪の結末を演出して追証の幕を下ろしたのであった。

現金は全て失い、かろうじて残ったのはソフトバンクの現物株1000株だけであった。現物株が残っただけでも救いであったが、株取引において度重なる同じ傾向の失敗は、我々にとって心理的に大きな打撃を与えたのであった。心理的にといえば恰好良く聞こえるが、実際にはこのわずか一年の間で、１億円以上の現金を株取引で失ったことが背景にあって追い込まれていただけのことである。

株の売買手法がどうの、売り買いのテクニックがどうの、チャートがどうの、とさまざまな技法と立派な分析があったとしても、一個人の心理のコントロールができなければ、このような結果を生み出すのである。個人の見えない明日に対する思考または予想は全て偏っており、我見が通用するほどマネーゲームは甘くないということである。ややもすれば一個人の見えている現実に対する思考でさえも偏っていて信頼できないものとなる。

我々は資金が枯渇するまで、１億円を失うまで、株に対する偏った我見によって売買を繰り返し、やっとおぼろげながらその間違いに気づいたのである。我見を捨て、目に入る情報、数字等を勘定に入れずに逆手（売り買いを反対にする）にしていたならば、こんな結果にはまずならなかったであろう。「……なら」「……たら」は言い訳の手段にしかならないということは重々承知の上であるが、この惨憺たる結果から導き出される答えはこのことに尽きるのである。かといって、個人個人の市場分析、得る情報が全く間違っていると言っているのではなく、どちらかといえばほぼ正しい分析、情報なのである。では、なぜ逆なのかと考えれば、株式市場自体が間違った方向に進んでいるととらえるのが妥当なのである。一見、市場は世相とともに動いているように見えているが、また世相を反映しているともいわれているが、実際にはそんな上等な世間のモノサシ、景気の尺度では全くなく、個人、会社の利害だけで動く大きなバクチ場にすぎないのである。そのことをはっきりと認識すれば、我々個人投資家の常識が通用する世界でないことが明確になってくる。つまり、株式市場は我々個人投資家の余剰の財産（今すぐに要らない資金）を集金する場所なのである。その集金システムで動いている市場だから逆の現象が生じてくるのである。

我々はまんまとこのシステムにはまって、1億円以上の資金を失った。しかし、そのシステムを認識したところで逆手に取った売買は非常にむずかしいものである。なぜなら、我々個人投資家は世間の常識のなかで生活していて、その土台を無視できないからである。自分の感情を完璧にコントロールし、市場の投資家心理の操作を看過し、自己の思想、株に対する知識、情報を集金システム側から眺め、自己の思うところの逆の発想によって投資、投機するほかに、株で利を生むのは困難であると考える。

あとがき

株式投資で1億円失ったという話または株で大損をした話など巷にあふれかえっているはずなのに、面白おかしく伝え聞くこともないし、ましてや本になったりもしない。不思議に思っていたが、実際に書いてみれば恥ずかしいかぎりである。

しかし一方で、株で1億円儲ける方法とか、株で1億円儲けた話などの本はいくらでも出版されている。これも、証券業界の〝個人の余剰の資金を集める集金システム〟の一環に思えてならないのである。それに乗るのは一向にかまわないが、株で大儲けしようと考えないことだ。

金で金を生むマネーゲームは、時によって人心をまどわさせる。どんな意志強固な人間でも金という悪魔の道具の前では心を揺さぶられる。我々はその悪魔の道具によって大事な資金を失い、株に対して大きな教訓を得たのである。自己心理の制御こそが株で成功する唯一の道であると知ったのである。言葉で表現するのはいとも簡単なことではあるが、今もなけなしの資金で悪戦苦闘している最中である。しかし、少しずつ自己心理の操作に改善が見られるようになってきた。どんな仕事も訓練が必要であるように株式売買も例外ではなく必要なのである。

最後に、株式市場低迷の昨今ではあるが、証券業界の手に乗らず、世間の常識は株式市場の非常識として、今こそ自己心理を鍛錬して集金システムを個人のほうに確立したいものである。

目を閉じれば全てはそこに在り、
目を開ければ全てを失う。

平成十三年三月
十指爪掌